Uma História de Perdão

Roberto de Carvalho
pelo Espírito Basílio

Uma História de Perdão

Aliança

1ª edição, 3ª reimpressão, fevereiro/2012, do 14º ao 22º milheiro

Título
Uma História de Perdão

Autor
Roberto de Carvalho

Revisão
Arlete Genari

Diagramação
Felipe Rennó Martins

Capa
Antônio Carlos Ventura

Impressão
Rettec Artes Gráficas e Editora Ltda.

Ficha Catalográfica

Dados Internacionais de Catalogação na Publicação (CIP)
— Câmara Brasileira do Livro | SP | Brasil —

Basílio (Espírito).
Uma História de Perdão / pelo espírito Basílio;
[psicografado por] Roberto de Carvalho.
São Paulo : Editora Aliança, 2011.

ISBN: 978-85-88483-66-8 / 224 páginas

1. Espiritismo 2. Psicografia 3. Romance espírita
I. Carvalho, Roberto de. II. Título.

11-06117 CDD-133.9

Índice para catálogo sistemático:

1. Romance espírita psicografado : Espiritismo 133.9

Editora Aliança
Rua Major Diogo, 511 - Bela Vista - São Paulo - SP
CEP 01324-001 | Tel.:(11) 2105-2600 | Fax: (11) 2105-2626
www.editoraalianca.com.br | editora@editoraalianca.com.br

"O esquecimento completo e absoluto das ofensas é próprio das grandes almas; o rancor é sempre um sinal de baixeza e de inferioridade. Não esqueçais que o verdadeiro perdão se reconhece pelos atos, muito mais que pelas palavras."

O Evangelho segundo o Espiritismo
Cap. X – item 14

Sumário

Terceira Parte

Introdução

A felicidade do homem é o objetivo final de Deus, que o criou. Do contrário, o Criador não seria justo e bom. Mas o homem alcança a felicidade pelo próprio mérito, e esta, uma vez adquirida, não mais se perde. A felicidade eterna é, então, consequência da imortalidade do próprio homem.

Antes, porém, de chegar à perfeição e conquistar a felicidade eterna, o homem tem lutas a sustentar, combates a travar com as más inclinações. Não tendo sido criado perfeito, mas com possibilidade de o ser, a fim de que tenha o mérito de suas conquistas, ele pode cair em faltas, que são consequentes à sua natural fraqueza. E se por esta fraqueza o homem fosse eternamente punido, seria o caso de perguntar por que Deus não o criou mais forte?

A punição é uma advertência do mal já praticado, e tem por finalidade reconduzir a criatura ao bom caminho, ou seja, à regeneração. Se houvessem penas eternas, o desejo de se regenerar seria inútil e o objetivo da criação não seria alcançado, porque já haveria, de antemão, seres predestinados à felicidade ou à desgraça.

Se um homem se arrepende dos seus erros, pode se regenerar e, podendo se regenerar, pode conquistar a felicidade. E Deus seria justo se lhe recusasse os respectivos meios para essa regeneração?

Sendo o bem o fim supremo da Criação, a felicidade, que é o seu prêmio, deve ser eterna. Já o castigo, como meio de alcançar essa felicidade, é temporário. A noção mais simples da justiça humana prescreve que não se pode castigar perpetuamente aquele que se mostra desejoso de praticar o bem. Por que a justiça divina seria diferente?[1]

[1] Com base em *O Céu e o Inferno*, Allan Kardec – Parte 1, Cap. VI – Item 16 – Doutrina das Penas Eternas.

Primeira Parte

Capítulo 1

Na solidão do leito

"A alma se desprende gradualmente do corpo, não se escapa como um pássaro cativo a que se restitua subitamente a liberdade."

L.E – Questão 155

Há quatro meses, Getúlio estava confinado em seu quarto, no casarão da fazenda de cultivo de café, da qual era proprietário há quase 30 anos. Estava estirado em uma cama confortável, sobre um colchão macio, com lençóis muito limpos e perfumados. Mas, nem todo aquele conforto servia para amenizar a imensa dor física e a queimação febril que quase o levavam à loucura, em decorrência da doença terminal que gradualmente corroía os órgãos internos do seu corpo. Ele estava desenganado pelos médicos e isto não lhe representava nenhum segredo.

Dependurado na parede que ficava em frente à sua cama, um relógio marcava as primeiras horas de uma tarde morna de outono. O silêncio do aposento só era quebrantado por uns mugidos de reses, latidos de cães e cacarejar de galinhas, que provinham das imediações da fazenda. Getúlio ouvia também, ao longe, o matraquear das vozes dos muitos empregados que possuía, mas não conseguia distinguir sobre o que falavam.

Sentia-se solitário e isto o deixava com uma desagradável sensação de nostalgia. Pensava nos filhos que se encontravam ausentes. Por que não estariam ali? Da ex-esposa não sentia falta alguma, pois há muitos anos não a via. Lembrava-se da última e definitiva briga, quando a mulher atirou em seu rosto a acusação de ser um homem agressivo, infiel e egoísta. Depois disso, pegou os meninos e retornou à casa paterna e nunca mais os dois voltaram a se ver. Com a separação consolidada, resolveram todas as questões judiciais por meio de advogados, sem que houvesse necessidade de se reencontrarem.

Embora sentindo-se ofendido pelas duras acusações da ex-esposa, Getúlio era obrigado a admitir que ela não estava totalmente errada. Ele reconhecia que sempre tivera pavio curto para lidar com as pessoas, e em termos de fidelidade, nunca dera grande importância a isto. "Ninguém é propriedade de ninguém", pensava, tentando justificar suas escapadelas. Quanto ao egoísmo, achava bastante natural dedicar-se aos próprios interesses e colocar sempre as suas aspirações em primeiro plano, ainda que suas ações prejudicassem outras pessoas.

Desse modo, a ausência da ex-esposa nos momentos crepusculares de sua existência não lhe fazia falta alguma. Mas, dos filhos e dos netos ele sentia falta. Gostaria que estivessem ali. Ficava cada vez mais claro que a enfermidade estava se agravando drasticamente, devorando-lhe as energias vitais como um predador persistente, silencioso e implacável.

Somente as enfermeiras, contratadas desde que a doença se agravara, entravam e saíam do quarto a todo momento. Regulavam as engrenagens da cama hospitalar que ele havia comprado e mandado instalar em seu quarto; remanejavam o seu corpo agonizante, mediam-lhe a pressão arterial, espetavam agulhas nas frágeis e desgastadas veias de seus braços esquálidos, enfiavam-lhe comprimidos e sopas garganta abaixo e, às vezes, talvez por compaixão, faziam-lhe um breve cafuné nos ralos fios de cabelos que conseguiram sobreviver à agressividade do tratamento quimioterápico.

Além da insuportável dor física, havia uma invencível tristeza que não o deixava em paz. Ultimamente, dera de sonhar com acontecimentos remotos e, sem que pudesse controlar os próprios impulsos, acabou se tornando um sujeito chorão. Logo ele, que sempre fora tão forte, que nunca se permitira entregar a sentimentalismos ou derramar uma lágrima que fosse, mesmo nas ocasiões mais graves de sua vida! Talvez fosse por isto que as enfermeiras se condoíam e o tratavam com fraternal carinho, mas tais atitudes o deixavam mais envergonhado que agradecido.

Nos sonhos que passou a ter, após o agravamento da enfermidade, Getúlio via os dois filhos ainda pequeninos, correndo pelos prados ou perseguindo os animais domésticos no quintal da casa onde cresceram. Ouvia suas gargalhadas, seus choros, suas manhas, seus gritos estridentes... Via também Teresa com a mesma aparência juvenil de quando a conheceu, mas ela nunca estava sorrindo. Via-a sempre triste, zangada com alguma coisa que ele devia ter aprontado, sempre disposta a brigar.

— Ah!, como o tempo passa rápido! – dizia para si mesmo. – Como deixamos de perceber coisas aparentemente pequenas, mas que nos marcam tanto!

Getúlio pensava também nos colonos da fazenda; alguns eram sabidamente felizes e gratos pelo emprego oferecido; outros eram revoltados, sempre se queixando do baixo salário e das precárias condições de trabalho e moradia.

— Que se há de fazer? Nem Jesus agradou a todos... – justificava-se.

E assim Getúlio foi lentamente se entregando aos braços da morte, naquela melancólica e silenciosa tarde de outono. Ele só não estava completamente desacompanhado, porque as enfermeiras, percebendo o momento de sua passagem, reuniram-se em torno de sua cama e fizeram preces em seu favor. Mas ele estava muito decepcionado, pois esperava que seus filhos estivessem ali. Queria, no último momento de sua vida, poder fitar um rosto familiar e guardar a lembrança de uma lágrima ou de um sorriso amoroso, mas isto lhe foi negado.

Mais tarde, aturdido e confuso, acompanhou momentos do próprio velório. Ouviu pouca prece e nenhum choro. Quase não viu nada, pois as imagens que se lhe apresentavam mentalmente eram bastante distorcidas, desprovidas de nitidez e cor, como se fossem borrões abstratos a se moverem em complexas coreografias. Ainda assim, Getúlio conseguiu captar alguns comentários sobre si. Quase todos desagradáveis e depreciativos.

— Este infeliz deveria ter morrido mais cedo – disse um rapaz, com voz bêbada. – Desse modo, não teria feito tanta besteira!

— Ele não prestava, mas eu até que gostava dele – retrucou um velho, sugerindo cumplicidade.

— Era um velhote safado! – gargalhou uma mulher.

— O vovô tá dormindo? – perguntou uma voz infantil.

— Sim, meu filho! Só que ele nunca mais vai acordar – respondeu alguém, com disfarçada satisfação.

Getúlio teve a sensação de que foi Teresa quem deu a resposta, mas não dava para ter certeza, pois ele não se lembrava mais de como era o tom de voz da ex-esposa.

Aos poucos, foi sendo acometido de um terrível mal-estar. Quis sair dali e desaparecer, fugir para muito longe, mas alguma coisa invisível o retinha àquele lugar. Independentemente da sua vontade, estava condenado a acompanhar todos os detalhes daquele momento tão desconfortável, como se fosse o ilustre convidado de uma importante cerimônia, cuja presença era imprescindível.

Getúlio não queria continuar ouvindo aqueles comentários, mas era inútil, pois os sons que lhe invadiam o cérebro demonstravam não precisar dos canais auditivos para terem acesso a ele. Travou uma luta desesperada consigo mesmo, mas foi tudo inútil. A única atitude que lhe restou tomar, após tanta relutância, foi relaxar o máximo possível e deixar os eventos seguirem o seu curso natural.

Algum tempo depois, sentiu que seu corpo estava sendo sepultado. Ouviu o barulho da terra sendo jogada sobre a tampa do ataúde e levou um susto, pois só então percebeu que estava dentro dele. Desesperado, tentou sair dali, mas logo foi tomado por uma completa apatia e acabou desistindo.

De repente, tudo ficou escuro e silencioso. Ele estava entorpecido por uma sonolência incontrolável. Dormiu e acordou inúmeras vezes, sem saber ao certo onde se encontrava. Não conseguia ter certeza se as coisas que estava vivendo eram reais, ou se apenas faziam parte de um pesadelo.

E foi assim que se deixou embalar pelo que parecia ser o sono mais inquietante, desagradável e espetacular que tivera em toda a sua vida.

Capítulo 2

Confusa peregrinação

"O grau de perturbação que se segue à separação da alma e do corpo depende da elevação de cada um."

L.E – Questão 164

Getúlio caminhava agora por uma estrada deserta. Árvores retorcidas e desfolhadas margeavam os dois lados do caminho. Uma névoa cinzenta limitava-lhe drasticamente a visão, não permitindo um bom alcance do olhar sobre a paisagem que se estendia por todos os lados, formando uma vasta planície. Mais ao fundo, perdidas na distância, sombras escuras e elevadas denunciavam a presença de tristes e silenciosas montanhas.

Sua cabeça estava confusa, seus pensamentos desencontrados, e seus pés pareciam conduzir-lhe o corpo a esmo, sem um destino definido. Para onde estaria indo? De onde viera? Há quanto tempo estaria andando? Qual seria o objetivo daquela caminhada indefinida? Sinceramente, ele não sabia de mais nada. Não conseguia organizar os pensamentos, não se recordava do passado, apenas seguia em frente, numa atitude puramente instintiva.

À beira da exaustão, vislumbrou a silhueta de um prédio do lado esquerdo da estrada. Não dava para saber exatamente do que se tratava, pois a névoa acobertava quase tudo. Mas, pareceu-lhe que se tratava de uma suntuosa edificação, com grossas e altaneiras paredes e um telhado tão alto que parecia tocar o céu.

Aliviado, por haver finalmente encontrado um suposto abrigo, Getúlio apertou o passo e se aproximou daquele local.

Agora, bem próximo, pôde confirmar. Tratava-se de uma antiquíssima construção, com paredes altas e imponentes, mas que, estranhamente, não possuía janelas. Apenas uma porta escura e pesada se localizava em sua encardida parede frontal. Ao se aproximar, percebeu que a porta estava apenas recostada. Abriu-a e entrou.

Obedecendo, mais uma vez, a uma instintiva voz interior que parecia comandar as suas ações, Getúlio penetrou, com passos trôpegos, aquele estranho recinto. Parou por uns breves segundos e, esfregando os olhos como quem tenta limpar as lentes embaçadas de um velho óculos, procurou distinguir as silhuetas ensombradas das peças que decoravam o ambiente interno.

Havia ali uma grande fileira de bancos rústicos, de madeira bruta e escura. As paredes, que ostentavam uma coloração acinzentada, eram completamente nuas, desprovidas de qualquer objeto decorativo, como quadros ou cortinas. O forro era tão alto que se perdia em meio à névoa que, também ali, insistia em limitar-lhe a visão. O silêncio tumular do ambiente era algo impressionante.

Ele estava exausto, sentindo as pernas frouxas e doloridas. Percorreu o estreito corredor que se estendia na lateral dos bancos e se acomodou na primeira fileira. Logo, percebeu que alguma coisa se movia com lentidão à sua frente, mas não deu para saber do que se tratava, pois a névoa não lhe permitia visualizar o que se passava em meio àquela espécie de cortina de fumaça. Seus olhos e seu corpo estavam pesados demais para se manterem vigilantes. Getúlio deitou-se no banco, fechou as pálpebras e foi envolvido por uma confortável sensação de leveza. Relaxou os músculos e procurou não pensar em nada.

Aos poucos, uma inevitável sonolência foi, mais uma vez, dominando-lhe inteiramente. Então, ele teve a impressão de haver pegado no sono, pois parecia que seu corpo flutuava no espaço.

Mas esta sensação de calmaria não durou quase nada, porque, logo após, uma voz estrondosa e extremamente grave o fez acordar sobressaltado. Ele não sabia por quanto tempo estivera adormecido, mas agora sentia uma grande urgência em acordar. Algo de muito importante deveria estar para acontecer, pois a voz que o convocou era de alguém que se encontrava bastante irritado e ansioso.

— Acorda, seu dorminhoco! Está pensando que isto aqui é alguma hospedaria? – inquiriu-o.

Capítulo 3

O Julgador

"Toda ação produz seus frutos; doces são os das boas ações, amargos sempre os das outras."

L.E – Questão 810

Getúlio esfregou os olhos e demorou a recobrar a lembrança de onde estava. Finalmente, após percorrer o olhar pelo ambiente, conseguiu se lembrar de que se encontrava no interior de um prédio antigo, à margem da estrada onde estivera em peregrinação.

Agora, a névoa, um pouco menos espessa, permitia-o ver que o que estava à frente da fileira de bancos era uma mesa de madeira escura e, atrás dela, uma cadeira de encosto alto; ricamente ornamentada com arabescos dourados, em alto relevo, e forrada por um luxuoso veludo vermelho.

Conseguiu ver também que o que se movia sem se mostrar com nitidez, momentos antes que ele pegasse no sono, era um homem que ocupava a imponente cadeira. Tinha uma estatura elevada; seus cabelos eram longos e grisalhos. Não possuía um aspecto desagradável, mas seu semblante era constantemente tenso e o seu olhar, bastante severo. Ele usava uma espécie de toga que lhe encobria totalmente o corpo, desde os pés até a altura do queixo, deixando à mostra apenas sua cabeça grisalha, a face pálida e as mãos magras, com as quais folheava um grosso livro que se encontrava sobre a mesa.

Ao perceber que Getúlio estava realmente acordado, o homem desviou os olhos das páginas do livro e o encarou com severidade:

— O senhor sabe por que está aqui? – perguntou.

Getúlio tentou responder que não fazia a menor ideia, mas foi impossível. Só então, percebeu que, por mais que se esforçasse, não conseguiria pronunciar nenhuma palavra. Sua garganta estava completamente ressecada e dolorida, como se tivesse sido queimada por brasas ou por algum tipo de ácido.

O homem de toga continuou olhando-o seriamente, e ele, constrangido e se sentindo acuado por aquele olhar inquisitivo, fez um esforço sobre-humano. Finalmente, conseguiu responder, mas apenas em monossílabo, tendo a sensação de que sua garganta estava sendo traspassada por uma adaga.

— Não!

Foi somente o que conseguiu balbuciar, com um tom de voz tão rouquenho e gutural que até ele se surpreendeu.

— Pois, então, eu vou lhe dizer – respondeu o homem de toga, sem mudar em nada a frieza daquele olhar penetrante. – O senhor está aqui para ser julgado por suas ações.

— Julgado? Por quê? Por quem? – fez estas perguntas automaticamente, mas em linguagem mental, pois desta vez nem o grunhido anterior ele conseguiu reproduzir.

Demonstrando haver captado as dúvidas de Getúlio, o homem de toga disse, com certo tom de sarcasmo:

— É sempre assim: primeiro vocês aprontam todo tipo de pecado. Depois chegam aqui com essa cara de coitadinhos, fingindo não se lembrarem de nada, tentando apagar a vileza das coisas que fizeram, com a desculpa de que estão acometidos de uma profunda amnésia.

— Amnésia! – ficou pensando Getúlio. – Então é isto que tenho?!

O homem de toga se ergueu, esticando-se todo na cadeira e, demonstrando certa irritação, apontou-lhe o dedo indicador.

— Pois eu vou refrescar a sua memória: seu nome é Getúlio... – e acrescentou ao nome os dois sobrenomes que ele possuía. Depois, prosseguiu:

— O senhor era fazendeiro, cultivador de café, e passou os últimos anos da vida no Paraná. Morreu, vítima de uma doença cancerosa, aos 68 anos de idade. Deixou ex-esposa, dois filhos e cinco netos...

As informações foram recebidas com surpresa.

— Morri? Então, a morte é assim? Esta coisa indefinida, cheia de sobressaltos? – questionou-se Getúlio, apalpando os próprios braços.

— Surpreso com a revelação? – perguntou o homem de toga, aumentando a dose de sarcasmo. – Ninguém se prepara para o que virá depois da morte, não é, senhor Getúlio!? Acha que o que está escrito nos livros sagrados são contos da carochinha... Que nada o atingirá... Que vai dormir um sono tranquilo...

E fez um sinal negativo com o dedo indicador, antes de completar:

— Não é bem assim, meu caro! Isto é para os justos, e não para os pecadores. O senhor está realmente morto, mas, antes de seguir adiante, nesta nova etapa da sua existência, precisa ser julgado, para definirmos qual será o seu destino.

— Então é isto! – pensou Getúlio. – Estou numa espécie de tribunal...

Mais uma vez, demonstrando haver captado os seus pensamentos, o homem de toga, esfregando as mãos, ensaiou um sorriso que mais parecia com uma carranca.

— Ah!, vejo que finalmente começamos a nos entender! Está certíssimo, senhor Getúlio. Isto aqui é, de fato, um tribunal! É o tribunal divino. Eu sou o representante de Deus e estou credenciado para julgá-lo. Pode me chamar de "Julgador", se quiser. Deste julgamento, chegaremos a um veredicto. Ou o senhor recebe a bênção dos céus e vai viver eternamente no Paraíso, ou recebe a condenação celestial e vai direto para o fogo do inferno, onde responderá pelos seus pecados por toda a eternidade.

E voltou a esfregar as mãos, antes de arrematar:

— Tudo vai depender da conclusão a que chegarmos aqui.

Num gesto automático, Getúlio olhou em volta, buscando identificar as pessoas que participariam daquele evento, mas não viu ninguém. O local estava completamente vazio, exatamente como no momento em que ele ali chegou.

— O senhor está procurando um corpo de jurados? Acha que aqui atuarão promotores, defensores e testemunhas?

Apenas para não desapontá-lo, Getúlio meneou a cabeça num sinal afirmativo. Mas o seu gesto pareceu deixar o Julgador ainda mais irritado.

— O senhor está muito enganado! – disse, quase aos gritos. – O tribunal divino é bem diferente do tribunal dos homens. Aqui, quem se condena ou se absolve é a própria pessoa que está sendo julgada. O senhor não acha muito mais justo que seja assim?

Getúlio pensou em acenar a cabeça novamente, mas ficou em dúvida se deveria concordar ou discordar. Por isso, permaneceu quieto.

O Julgador esperou durante alguns segundos e, quando percebeu que não ia mesmo obter resposta, continuou o seu discurso.

— As pessoas criam uma imagem muito simplista e ingênua de Deus. Acham que podem ludibriar o Criador, como se ludibria um juiz humano. Pensam que podem comprar o veredicto aqui, como se fazem com alguns magistrados corruptos. Que podem sensibilizar um corpo de jurados com patéticas encenações sentimentalistas, com falsas lágrimas de arrependimento. Aqui, não!

Aqui não há como fugir de um julgamento imparcial e sério, pois é a própria consciência do acusado que o julga. É o momento da colheita obrigatória daquilo que, por sua livre vontade, o indivíduo andou plantando.

Disse isto e ficou encarando Getúlio, esperando que ele se manifestasse novamente. Mas o fazendeiro permaneceu calado, porque, além da impossibilidade de falar, não estava muito convicto de que aquelas coisas estavam realmente acontecendo. Tudo parecia continuar fazendo parte do inquietante pesadelo que o vinha incomodando desde que deixara o confortável leito dos seus luxuosos aposentos. No fundo, esperava pelo momento em que tudo aquilo se dissolvesse no espaço e ele voltasse a despertar em sua cama.

Capítulo 4

Projeções do passado

"O primeiro princípio de justiça é este: Não façais aos outros o que não quereríeis que vos fizessem."

L.E – Questão 822

Embora procurasse encarar aqueles incômodos momentos apenas como uma persistente alucinação que estava demorando demais a passar, os acontecimentos prosseguiam inalterados. Getúlio voltou a encarar o homem de toga que estava novamente folheando o livro, parecendo esperar que ele voltasse a lhe dar atenção.

— E então? – perguntou o Julgador, sugerindo ansiedade. – Podemos iniciar os trabalhos?

Getúlio não tinha a menor noção do que viria a seguir, mas acenou a cabeça, desanimado, demonstrando uma clara sensação de enfado.

— Afinal, que outra opção eu tenho? – perguntou para si mesmo.

Ele ainda não sabia de que modo havia chegado àquele lugar e não tinha a menor ideia de como fazer para sair dali. Para ele, tudo estava previamente definido. O julgamento lhe parecia uma coisa inevitável e necessária.

— Ótimo! – disse o Julgador.

E começou a orientá-lo:

— Para fazermos um julgamento realmente válido, é necessário que comecemos bem do início. Como o senhor ainda se encontra neste suposto estado de amnésia, usaremos uma tela na qual projetaremos os seus atos desde a infância e, com base em todas as informações, deixaremos sua consciência decidir se o senhor é culpado ou inocente. Como pode ver, o nosso julgamento é um processo bastante simples e imparcial, o senhor não acha?

Getúlio meneou a cabeça afirmativamente, dando a única resposta que o Julgador, com toda certeza, esperava receber.

— Muito bem! Então, vamos iniciar.

Em um daqueles paredões, começou a surgir uma espécie de tela de projeção, formada por uma substância esbranquiçada, de aspecto gelatinoso. Getúlio e o Julgador se voltaram para aquela direção e, em silêncio, observaram o momento em que umas imagens começaram a se movimentar na superfície da tela. Inicialmente, distorcidas e apagadas, mas logo ganharam cor e nitidez.

Nas imagens, Getúlio se reconheceu na infância, brincando com os irmãos, que demonstravam um imenso carinho por ele. Essas lembranças tocaram fundo em seu coração. Ele não sabia por onde andavam os seus primeiros familiares, e uma sentida saudade começou a lhe incomodar.

Getúlio estava emocionalmente debilitado e precisou fazer um esforço enorme para não ceder às lágrimas que insistiam em aflorar. Afinal, lembrou-se de que, se aquilo fosse mesmo real, ele estava ali para ser julgado e não para se derreter em sentimentalismos, diante dos acontecimentos passados.

Sua relação com a primeira família, segundo as cenas mostradas na tela, fora bastante amistosa. Viu que era o mais velho da prole e que os irmãos o tratavam com muito respeito. Sua mãe também demonstrava um imenso carinho por ele.

De repente, a cena foi mudada drasticamente. Ele deveria estar com uns 16 anos de idade. Era um rapazinho fisicamente forte, falava com voz firme e uns ralos fios de barba lhe sombreavam o rosto. Na cena mostrada, seu semblante estava tenso; suas mãos se contraíam em movimentos nervosos. Ficava claro que ele estava a ponto de enfrentar um inimigo, numa luta que parecia inevitável.

O rapaz estava visivelmente assustado e um sentimento, misto de medo e revolta, o dominava inteiramente. Ele sabia que o combate aconteceria de qualquer modo; sentia que deveria recuar, mas, por algum motivo mais forte, não conseguia fazê-lo.

Avançou contra o adversário. O outro era bem mais velho. Getúlio viu sua barba meio grisalha, a cabeça calva e sua firme decisão em o derrotar. Entraram em luta corporal e trocaram socos. Getúlio foi atingido várias vezes, mas reagiu com fúria a cada golpe recebido. Aos poucos, foi vencendo o inimigo, subjugando-o.

De repente, numa última e desesperada tentativa de o derrotar, o opositor se armou com um punhal e novamente avançou contra Getúlio. Para não ser atingido, o jovem procurou se defender e mais uma vez os dois entraram em luta corporal.

Uma voz feminina, que Getúlio identificou como sendo a de sua mãe, gritava desesperada:

— Parem com isso, pelo amor de Deus! Parem!

O rapaz segurava firmemente a mão do adversário, que continuava tentando golpeá-lo. De repente, ouviu-se um grito. O agressor caiu com as duas mãos à barriga. Estava gravemente ferido, sangrando muito. Olhou com ódio para Getúlio e o amaldiçoou. Nas mãos do rapazinho ficou o punhal ensanguentado que ele havia conseguido subtrair do seu opositor e com o qual o ferira. Após a luta, o jovem ficou paralisado, ofegante, sem ter a menor noção do que fazer.

Sua mãe se aproximou e gritou:

— Meu filho, veja o que você fez... Você matou o seu próprio pai!

E Getúlio, assistindo àquelas cenas, levou um grande susto. Se o fato de haver ferido gravemente um homem já o havia deixado extremamente chocado, imagine a descoberta de que esse homem era o seu pai.

Sua consciência agora estava inquieta e ele começou a acreditar que seria muito difícil escapar de um veredicto que lhe fosse desfavorável. A cena era demasiada forte, mas ele não conseguia desviar os olhos da tela de projeção.

O Julgador permanecia impassível, demonstrando que já sabia de tudo aquilo. Na verdade, parecia mesmo se divertir com a situação.

A cena continuou. Nela, Getúlio tentava se aproximar da mãe, mas ela reagia de modo brusco.

— Vá embora! – gritava.

O rapazinho começou a chorar.

— Desapareça logo daqui! – ordenava a mãe.

Getúlio atirou longe a arma com que havia ferido o genitor e saiu correndo do local do crime.

A cena foi se apagando à medida em que ele se distanciava. O ambiente mergulhou num profundo silêncio. Getúlio, com o rosto enfiado entre as mãos, estava em estado de choque.

Como pudera se esquecer de um acontecimento tão grave como aquele? E sua consciência começou a dar sinais de que a condenação seria mesmo inevitável.

Nos momentos seguintes, as projeções continuaram, e Getúlio se viu agora como um rapaz de boa aparência. Deveria ter uns 20 anos de idade. Vestia-se bem e cortejava as moças que passavam pela rua. Não se recordava do local exato onde aquilo se passava, mas, com esforço, conseguiu se lembrar de ter vivido boa parte da juventude numa pequena cidade do interior.

Percebia ser uma pessoa solitária, quase sem amigos. Andava só pelas ruas e, aparentemente, era um jovem normal.

Mas, de repente, as coisas voltaram a se complicar. Um carro de polícia se aproximou velozmente e estancou ao seu lado. Quatro policiais desembarcaram e, de armas em punho, renderam-no e lhe deram voz de prisão.

— Finalmente o pegamos! – gritou um dos policiais. – Tiramos mais um meliante de circulação.

Antes que pudesse dizer qualquer coisa, Getúlio foi algemado e jogado na viatura, que partiu em alta velocidade, deixando atrás uma espessa nuvem de poeira.

Na delegacia, ele foi acusado de vários crimes, como roubo, extorsão, uso de drogas ilícitas... Algumas pessoas o reconheceram como o criminoso que as havia atacado.

Getúlio foi trancafiado na pequena cela de uma delegacia comandada por um delegado durão. O ambiente era sujo e inóspito. Ali, ele recebia uma única refeição diária e uma quantidade irrisória de água. Não tinha direito a tomar banho, não podia ver a luz do sol e quase todos os dias recebia uma surra, que era aplicada pelos carcereiros.

Um dia, trouxeram outro prisioneiro e o colocaram na mesma cela em que Getúlio se encontrava. A convivência foi tensa, pois o sujeito era bastante agressivo e tentou subjugá-lo, impondo-lhe desconcertantes humilhações. Getúlio não cedeu às investidas do companheiro de cela e o confronto foi inevitável. Os dois acabaram se engalfinhando feito animais selvagens.

Atraídos pelo barulho da briga, os policiais, em vez de os apartarem, preferiram não interferir. Aliás, decidiram incentivar o confronto e ainda apostaram dinheiro no resultado.

Quando os dois já se encontravam bastante cansados e feridos, um dos policiais jogou uma barra de ferro dentro da cela, para que a luta não terminasse empatada. A aposta havia gerado uma soma razoável e era necessário haver um vencedor. Getúlio conseguiu ser mais rápido que o adversário e alcançou a barra de ferro antes que o outro o fizesse. Assim, desferiu um violento golpe na cabeça do inimigo, deixando-o desacordado.

Os policiais entraram na cela, retiraram o ferido e o conduziram pelo estreito corredor. Pelo trajeto se formou uma trilha de sangue que jorrava com abundância do ferimento na cabeça do prisioneiro.

Antes de irem embora, os policiais que haviam perdido a aposta ainda aplicaram uma surra em Getúlio e o deixaram jogado no chão duro da cela.

O rapaz passou um longo período completamente abandonado, sem obter qualquer tratamento para curar as feridas e recebendo uma diminuta porção de comida e de água.

Assistindo àquelas cenas, o Julgador continuava impassível, olhando para a tela na parede. Getúlio estava horrorizado com o que via. Dois crimes graves até àquela altura dos acontecimentos, sem contar os pequenos deslizes que o levaram à prisão.

Definitivamente, sentia-se perdido! Não havia a menor possibilidade de escapar da condenação. E ele já começava a pensar em como deveria ser a vida no inferno, pois com toda certeza acabaria indo para lá.

Capítulo 5

O amor de Teresa

"Dando ao Espírito a liberdade de escolher, Deus lhe deixa a inteira responsabilidade de seus atos e das consequências que estes tiverem."

L.E – Questão 258

Quando as cenas voltaram a ser projetadas, Getúlio pôde se ver num presídio. Ali, as condições de higiene eram um pouco melhores. Ele dividia uma cela com alguns companheiros, e havia certo respeito entre os presos.

Getúlio se viu conversando com uns religiosos que, aos domingos, visitavam o presídio. Foi desse modo que conheceu Teresa, uma moça loura, de olhos claros, simpática, mas completamente desprovida de atrativos físicos e alguns anos mais velha que ele. Muito religiosa, ela o visitava há mais de um ano e lhe dera de presente uma bíblia e um crucifixo. Ensinou-lhe umas orações e fez Getúlio se recordar das preces que havia aprendido na infância, mas que, com o tempo, acabara se esquecendo.

O rapaz procurou ser agradável com ela, fingiu gostar de tudo aquilo, mas, no fundo, sabia que estava mentindo. Ele estava prestes a ser solto e via em Teresa a possibilidade de não ficar totalmente perdido quando deixasse a prisão. A moça estava apaixonada por ele, ficava condoída com a sua história, ou melhor, com a história que Getúlio havia contado a ela, e onde, naturalmente, omitira muitas culpas, colocando-se como uma pobre vítima da incompreensão e da intolerância do mundo.

Teresa acreditou, disse que o amava muito e que, se Getúlio quisesse, os dois poderiam se casar após a sua libertação. O rapaz a achava patética, sentimental demais e carola, mas sabia que era o que o futuro lhe reservava de melhor, e fazia tudo para agradá-la.

No dia em que Getúlio foi libertado, Teresa estava à sua espera e o levou à casa de seus pais, onde ele foi muito mal recebido. Ela era a filha única de uma família muito rica. Os pais não concordavam com o relacionamento dela com um ex-presidiário e discutiram muito com a filha, que se mostrou irredutível em seus propósitos.

— Você está louca, minha filha! Não vê que este moço não tem juízo algum? Que é um delinquente? – observou a mãe da moça.

— Ele já pagou pelo que fez, mamãe. Esteve preso por um bom tempo, sofreu muito e aprendeu a lição.

— Como pode ter certeza disso, minha filha? – perguntou-lhe o pai, com voz aflita.

— Não tenho certeza de nada, pai! A não ser de que o amo muito e de que vou dar a ele a oportunidade de mostrar que mudou, sim!

— Mas, minha filha...

— Não adianta! A minha decisão já está tomada e, se os senhores não concordam com o nosso casamento, paciência!

— Você não pode ser tão ingrata conosco! – ponderou a genitora, aos prantos.

— Ah!, eu não posso ser ingrata, mas os senhores podem mandar e desmandar em mim, decidindo o que é melhor para a minha vida?

E como não houvesse acordo, Teresa arrumou as malas, deixou a casa paterna e foi embora com Getúlio. Ela era professora formada, possuía algumas economias, e os dois foram viver juntos numa outra cidade, onde alugaram uma pequena casa.

Por algum tempo, viveram sem grandes dificuldades financeiras. Mas Getúlio não conseguia emprego e o salário de Teresa não era suficiente para se manterem. Assim, as coisas começaram a ficar complicadas. Entretanto, possuidora de uma personalidade firme e determinada, em nenhum momento passou pela cabeça da moça voltar e pedir ajuda aos pais.

Um ano depois, nasceu o primeiro filho do casal, que, nessa fase, estava passando por imensas dificuldades financeiras. Os pais de Teresa, que haviam, de certo modo, vencido a mágoa decorrente da atitude de rebeldia da filha, decidiram visitá-la para conhecerem o neto.

Em nenhum momento falaram com Getúlio, pois continuavam não gostando dele, mas, sensibilizados com a difícil situação da família, acabaram se reconciliando com a filha.

Em comemoração ao nascimento do primeiro neto, quiseram presentear Teresa com uma bela propriedade, uma grande fazenda pecuarista. Ela tentou recusar o presente, mas Getúlio insistiu muito para que a esposa aceitasse. Como argumento, chegou a ameaçar abandoná-la, caso ela abrisse mão da oferta.

— Não acho isto justo – disse Teresa. – Abandonei os meus pais. Saí de casa por minha própria vontade e disse a eles que não precisava do dinheiro deles. Não acho que seja uma boa ideia aceitar agora esta fazenda como presente.

— Deixe de ser orgulhosa, mulher! Não vê que estamos em apuros?

— Mas, foi uma escolha minha...

— E daí? Seus pais estão lhe oferecendo uma coisa que podem lhe dar. Você é a única filha que eles têm. Não fazem mais do que a obrigação.

— Não acho que seja bem assim, Getúlio. O que os meus pais possuem pertence a eles. Eu abri mão dos meus direitos para seguir o caminho que escolhi para mim e que contrariava a vontade deles.

— Mas, e os nossos filhos? Será que vão aceitar a condição de pessoas pobres, sabendo que os avós são ricos? Pense no bem-estar deles. Pense na vida sacrificada que terão, desnecessariamente.

Getúlio falava com um tom de voz enérgico, encarando Teresa com um olhar impositivo, praticamente obrigando-a a fazer as suas vontades. Deu o ultimato:

— E então? Vai aceitar a proposta dos velhos?

— Ainda não estou convencida. Preciso pensar melhor sobre isto.

Getúlio se aproximou da esposa e, irritado, segurou-a pelos ombros.

— Pois eu vou lhe dizer uma coisa: se você recusar a oferta dos seus pais e preferir viver na miséria, vai ter que fazer isto sozinha, porque eu vou desaparecer da sua vida para sempre!

Teresa encarou o marido com um olhar assustado. Não o estava reconhecendo.

— O que você está dizendo? Consegue se lembrar de que eu deixei a vida de conforto que possuía, para segui-lo? Para me casar com você? E agora você faz o contrário? Ameaça me abandonar por causa de dinheiro?

— Não vou repetir o que já foi dito com muita clareza, mulher! A escolha é sua...

Disse isto e saiu de casa, somente retornando muitas horas mais tarde.

Sozinha em casa, contemplando o rostinho inocente do recém-nascido, Teresa analisou a situação. Ainda amava o marido e temia perdê-lo. Tinha medo também de que ele voltasse à vida criminosa do passado. Terminou cedendo à vontade dele, mas guardou para si aquele triste segredo. De algum modo, a visão romântica que tinha de Getúlio começava a se desintegrar.

Quando nasceu o segundo filho do casal, a situação financeira já estava mais bem estabilizada. Getúlio também parecia mais equilibrado emocionalmente, comportando-se como um responsável marido e pai de família.

No entanto, novas cenas projetadas na tela passaram a mostrar uma outra realidade. Nelas, Getúlio apareceu flertando com outras mulheres, seduzindo algumas moças que habitavam a fazenda herdada de seus sogros. Extremamente constrangido, viu-se sendo bem-sucedido em algumas dessas investidas, envolvido em grotescas cenas de desenfreados arroubos sensuais, que beiravam à animalidade.

Capítulo 6

Compromisso desfeito

"Os laços sociais são necessários ao progresso e os de família tornam os primeiros mais apertados."

L.E – Questão 774

Novas cenas mostravam agora um grande avanço de tempo. Os cabelos de Getúlio estavam começando a branquear. Teresa se tornara uma mulher madura, um pouco obesa, e seu semblante denotava uma profunda tristeza. Os dois filhos do casal estavam já bem crescidos.

Na cena exposta, Getúlio e Teresa estavam em seu quarto e discutiam acaloradamente:

— Você não tem a menor consideração por mim! – gritou ela.

— O que você quer, afinal? – perguntou Getúlio com irritação.

— Quero respeito! Se não consegue me amar, que pelo menos tenha um pouco de respeito por mim e pelos nossos filhos...

— Eu os respeito...

— Ah, respeita? – replicou ela, com ar de mofa.

– Respeita tanto que anda por aí, deitando-se com qualquer sujeitinha que lhe dê trela. Você pensa que eu não sei, não é? Mas todo mundo nesta fazenda sabe com quantas mulheres você já se envolveu, seu nojento!

A acusação o deixou extremamente irritado.

— Veja lá como fala! – gritou. – Tenha mais respeito comigo, afinal, sou o seu marido; o pai dos seus filhos.

— Pai dos meus filhos, sim, infelizmente! Marido, não mais. Maldita hora que cerrei os ouvidos para os conselhos dos meus pais. Maldita hora que decidi sair de casa para acompanhá-lo. Você é um traidor! Um sujeito egoísta, ingrato... E eu, achando que estava fazendo a coisa certa...

Teresa começou a chorar. Getúlio achou melhor tentar acalmá-la. Aproximou-se e quis afagar o rosto dela.

— Tire a mão de mim! – gritou a mulher, esquivando-se. – Nunca mais você colocará esta mão imunda em mim, seu verme!

— Teresa... Por favor, acalme-se!

— Nunca! Nunca mais vou me acalmar! E digo mais, senhor Getúlio, estou indo embora desta casa. Vou pegar nossos filhos e retornar à casa dos meus pais, ouviu?

— Você não pode... – tentou dissuadi-la. – Não há motivo...

— Ah!, não há? Pois eu vou lhe dar os nomes de alguns motivos: Cleuza, Marisa, Lucinda, Júlia...

E Teresa fez uma relação de mulheres com as quais o marido havia se envolvido. Ela sabia de tudo, não havia como mentir.

Então, ele tentou mudar de tática.

— Está bem, Teresa! Você não deixa de ter alguma razão, mas vamos conversar com calma. Eu posso mudar...

Ela o encarou com os olhos cheios de lágrimas:

— Agora é tarde, meu ex-marido! Não acho justo ter feito tudo o que fiz por você e ser recompensada com tanta traição.

— Calma, Teresa!

— Jamais voltaria a confiar em você, Getúlio! Jamais me sentiria segura ao seu lado. Aliás, a partir deste momento, sinto muito nojo de você e não conseguiria ter uma relação mais íntima contigo, sem me sentir suja também.

Getúlio estava vencido, embora ainda tentasse manter a situação sob controle:

— Espere, Teresa! Não seja precipitada... Pense nos nossos filhos...

— Ah! Agora você resolveu pensar neles? Você, que tem sido um pai tão ausente e relapso!

— Sou um homem ocupado, Teresa.

— Claro que é! Com todas as amantes que possui, não teria como não ser ocupadíssimo! – concordou, sarcástica.

— Teresa...

— Chega, Getúlio! Não consigo mais sequer ouvir a sua voz. Chega!

Getúlio percebeu que não havia mais argumentos para convencer Teresa a mudar de opinião. Sua irritação foi se transformando em apatia. A mulher tinha razão. Insistir para quê? Nunca a havia amado de verdade.

Aproximara-se dela por puro interesse material, para ter uma vida melhor, mais estável.

E a cena mostrada na tela foi encerrada com Teresa e os filhos indo embora. Os rapazinhos, que também estavam muito ressentidos com o pai, sequer se despediram dele. Getúlio sentiu o coração dividido entre dois sentimentos: um, de perda; outro, de liberdade. E ele, sinceramente, não conseguia definir qual dos dois tinha maior relevância.

De qualquer modo, aquele tempestivo cenário projetado diante dele e do Julgador só serviu para ampliar ainda mais a acusação que sua consciência fazia contra si mesmo. Getúlio sentia o inferno cada vez mais próximo.

Em nova cena exposta, ele se encontrava sozinho na varanda do casarão da fazenda que havia adquirido no Paraná, logo após a separação da esposa. Estava estirado numa cadeira de balanço, contemplando as terras da propriedade, totalmente atapetadas pelos cafezais. A fazenda era imensa e dava muito lucro. Ali, ele tinha uma vida confortável e cheia de regalias. Os bens adquiridos e amplamente aumentados ofereciam praticamente tudo de que ele precisava. O dinheiro e o poder eram fortes aliados para a satisfação dos seus mais íntimos desejos.

De repente, a cena se fixou num determinado momento em que um rapaz lhe pedia emprego. Era um moço bastante jovem que se esmerava em demonstrar simpatia e humildade. Junto com ele, estava sua esposa e uma menininha em tenra idade.

Getúlio não estava precisando de novos empregados e a primeira impressão que teve do rapaz não foi nada positiva. Na verdade, sentiu uma gratuita antipatia por ele e teve ímpetos de enxotá-lo dali. Mas, ficou deslumbrado diante da beleza da jovem que o acompanhava. Quase não prestou atenção às palavras do candidato, que fazia de tudo para impressioná-lo e conquistar o emprego.

— Meu nome é Elias, senhor Getúlio. Esta é a minha esposa Marta e a nossa filha Heleninha, que tem 2 anos de idade.

Sem conseguir desviar seu olhar do belíssimo rosto daquela morena de olhos verdes, cabelos castanhos encaracolados, dona de um corpo escultural, Getúlio fez algumas perguntas de praxe e decidiu contratar o rapaz. Afinal, pensou, seria um desperdício abrir mão da presença de uma moça tão formosa em suas terras.

E foi assim que acomodou a família numa residência de colonos, próximo da casa grande da fazenda, e não mais conseguiu tirar aquela mulher do pensamento. Várias vezes, arranjou desculpas para, na ausência de Elias, aproximar-se de Marta. O que o impedia de assediá-la abertamente era o modo sério e respeitador com que ela o tratava.

Getúlio não conseguia definir se Marta era ingênua demais para não notar o seu interesse por ela, ou se era inteligente e desinteressada demais para fingir que não o percebia. Mas a frieza da moça deixava o fazendeiro cada vez mais tentado a conquistá-la. Sua indiferença mexia profundamente com os brios dele, provocando-lhe uma doentia paixão. Desde que se tornara rico, Getúlio se desacostumara de ser rejeitado e seu envolvimento com algumas mulheres da fazenda, solteiras ou não, era fato bastante corriqueiro.

Com essa exacerbada fixação por Marta, o fazendeiro perdeu o interesse pelas antigas aventuras e começou a pensar nela o tempo todo. Sonhava com ela, perdia o apetite, o sono e o bom humor, quando a via. Mas, enfrentava as mesmas inquietações quando ficava muito tempo sem vê-la.

E a mulher de Elias acabou se tornando uma tortura constante para ele. Ao vê-la sorrindo, abraçada ao marido, fazendo-lhe carícias, Getúlio sentia um ciúme doentio e começou a odiar o empregado, por quem já nutria, desde o início, certa aversão. Ele não se conformava. Afinal, era o patrão, o dono do dinheiro que os sustentava. Achava que Marta não tinha o direito de se fazer de desentendida, ignorando-o daquele jeito.

Capítulo 7

Pétalas de Ternura

> *"Os flagelos são provas que dão ao homem oportunidades de exercitar a sua inteligência, de demonstrar paciência e resignação ante a vontade de Deus."*
>
> *L.E – Questão 740*

Marta tivera uma infância muito complicada. Filha de pai desconhecido, sua mãe havia sido uma mulher irresponsável e insensível, que a acusava de haver estragado o seu lindo corpo, durante a gestação. A mãe de Marta trabalhava numa boate e morava num pequeno apartamento, em um bairro de subúrbio de uma cidade bastante movimentada.

Quando engravidou, contra a vontade, precisou se afastar do trabalho e, depois disso, segundo dizia, nunca mais voltou a fazer o mesmo sucesso em sua duvidosa carreira de dançarina. Em sua concepção, a filha era a grande responsável pelo seu insucesso, já que a gravidez havia lhe comprometido a perfeição física.

Possivelmente, devido aos excessos da mãe, durante a gravidez, Marta nasceu com uma grave doença coronária que de vez em quando se agravava, provocando sobressaltos, mas que foi se abrandando com o passar dos anos.

A menina cresceu praticamente sozinha, entregue aos cuidados de vizinhos, vivendo de casa em casa, durante as intermináveis noites ausentes de sua genitora. Apesar disso, era uma criança relativamente feliz e não se sentia diminuída diante das outras, com as quais dividira os tenros anos da infância, em inocentes e prazerosas brincadeiras.

No entanto, quando estava chegando o período de puberdade da menina, um inusitado acontecimento mudaria completamente a sua vida. Sua mãe voltou um dia para casa na companhia de um homem, que disse ser seu namorado e que passou a morar com elas.

Marta, que à época tinha 13 anos de idade, possuía uma enorme carência afetiva paterna e acabou se apegando demais ao companheiro da mãe. Ele era um homem bom, generoso e correspondeu com alegria ao sentimento tão inocente da menina.

Entretanto, a proximidade dos dois despertou um ciúme obsessivo na mãe de Marta, que passou a ver aquela relação com olhos desconfiados. Começou a encarar a filha como rival e demonstrou claramente, por meio de brigas e agressões, que não estava gostando nem um pouco da amizade entre os dois.

A relação entre mãe e filha, que nunca fora das melhores, acabou se tornando muito mais conflitante a partir daí, e foi se agravando de tal forma, que o clima ficou insustentável naquela casa.

E foi assim que a menina, com apenas 14 anos de idade, não teve alternativa a não ser abandonar o lar desajustado e cair no mundo. Não sabia o que a esperava lá fora, mas já possuía uma boa noção sobre o que era viver sozinha e estava determinada a não se submeter ao constante mau humor de sua genitora.

Após um tumultuado período de sustos e procuras, Marta acabou acolhida numa casa paroquial, onde vivia um velho padre e sua governanta. Ali, foi contratada como serviçal e trabalhava praticamente em troca de casa e comida. Mas, de qualquer modo, foi onde encontrou paz e pôde, finalmente, se manter em sossego.

O religioso, que logo se afeiçoou à menina, ensinou-a a amar a Deus acima de todas as coisas e a desejar ao próximo somente aquilo que desejava para si mesma, ou seja, repassou a ela o preceito básico da doutrina de Jesus. Possuidora de uma alma bastante dócil, Marta absorveu com alegria o ensinamento cristão.

Desse modo, distante dos maus-tratos da genitora, de quem nunca mais conseguiu se reaproximar, ela se tornou uma moça muito bonita e educada, dona de um sorriso cativante, embora detentora também de um indisfarçável sentimento de tristeza e de um coração oprimido que, às vezes, funcionava com precariedade.

A vida de Elias não havia sido menos complicada que a de Marta. Último filho de uma família constituída de cinco irmãos, o rapaz nasceu no mesmo dia em que sua mãe faleceu. Acreditando que a morte da esposa ocorrera por culpa do filho, seu pai nunca o aceitou de bom grado. Assim, Elias foi hostilizado dentro da própria casa, durante toda a infância.

Menino ainda, vivia mais tempo na rua do que no lar que o rejeitara. Na adolescência, passou a sustentar-se com o seu trabalho, exercendo diferentes funções, principalmente nas atividades agropecuárias. Aos 17 anos, ganhou estrada e deixou definitivamente a família, com a qual nunca tivera um laço verdadeiramente fraterno.

O destino tratou de unir Elias e Marta em momentos pouco gratificantes para ambos. Ele, perambulando pelas ruas e vivendo de pequenas ocupações passageiras. A moça, na lida diária de uma casa, cujos moradores, embora a tivessem acolhido com carinho e respeito, estavam muito distantes de representarem a família que ela sempre sonhara possuir.

Mas, assim que se conheceram, os dois jovens perceberam a imensa força do sentimento que os unia e nunca mais conseguiram se desgrudar. Em pouco tempo de relacionamento, decidiram viver juntos e, apesar dos percalços que a vida lhes oferecia, sentiam-se plenamente realizados ao lado um do outro.

Mais tarde, para coroar a feliz união, conceberiam a filha Heleninha que viria lhes encher de alegria a complicada existência. A estrutura familiar que lhes fora negada, até então, começava finalmente a se edificar em suas vidas.

Quando chegou à fazenda de Getúlio, o jovem casal viu ali a possibilidade de finalmente realizar os seus sonhos, formando um verdadeiro lar, pois a única coisa que faltava para a concretização dos seus projetos era um trabalho honesto e razoavelmente rentável para o jovem pai de família, que sempre se mostrara muito trabalhador e responsável.

Vendo o marido ser contratado por Getúlio e, passando a morar na modesta, porém confortável casinha que passariam a ocupar, como colonos da fazenda, Marta se alegrou imensamente e agradeceu a Deus por aquela maravilhosa oportunidade.

A esposa de Elias, que sempre sonhara em cultivar um jardim, preparou a terra no quintal fronteiriço à pequena casa, onde pretendia viver por muitos anos. Adubou o solo e semeou muitas flores, principalmente roseiras de variados matizes, que ela simplesmente adorava.

Não demorou muito para que um florido e aromático jardim se desenvolvesse de modo espetacular, atraindo borboletas e colibris que enfeitavam o alegre lar e enchia de encanto a pequena Heleninha, que se desabrochava para a vida, brincando entre os coloridos canteiros de flores.

Numa ensolarada manhã de domingo, em plena primavera, a menina chamou os pais e, entusiasmada, mostrou-lhes uma rara espécie de rosa que havia florido durante a noite. Suas pétalas, exibindo um tom azul violeta, além de serem bem maiores que as demais, possuíam uma tonalidade e um suave perfume muito diferentes daqueles apresentados pelas outras rosas.

A descoberta deixou Marta e Elias intrigados. Eles nunca tinham visto nada parecido em suas vidas e, como não houvessem plantado aquela roseira, convenceram-se de que a própria natureza, por meio da ação dos pássaros, havia tratado de presenteá-los com aquele belíssimo exemplar.

A roseira atraiu a atenção de quase todos os moradores da fazenda, que tentaram infrutiferamente, reproduzi-la em seus canteiros. A flor não germinava em nenhum outro jardim, a não ser ali, na casa de Elias, Marta e Heleninha.

No mesmo dia em que fez a feliz descoberta, durante o jantar, Heleninha lembrou aos pais que era necessário batizar a roseira, que ainda não possuía um nome. Marta e Elias concordaram com a filha, e a mulher, tomada de uma súbita inspiração, disse, mirando nos olhinhos vívidos da menina, que aguardava impacientemente por uma resposta:

— Que tal chamá-la de Ternura?

— Ternura? É um lindo nome, mamãe! – disse a criança com voz cantada.

— E você, Elias? O que acha deste nome?

Elias, sorrindo, acariciou o rosto da esposa.

— Eu concordo com a Heleninha. Ternura é mesmo um lindo nome, até porque retrata bem o estado de espírito da nossa família.

E Marta, brincando, bateu com uma colher de pau sobre a mesa e decretou, engrossando a voz, à imitação de um juiz:

— Então está decretado que, a partir de hoje, essa roseira nos dará muitas e muitas e muitas pétalas de Ternura.

Heleninha não conseguia conter as gargalhadas, diante da cena bem humorada, protagonizada por sua mãe. Elias assistia a tudo aquilo com o coração aquecido de contentamento. Interiormente dava graças a Deus por haver iluminado a sua vida com aqueles dois anjos maravilhosos.

E a vida seguia sem maiores sobressaltos. Heleninha crescia feliz, desfrutando o imenso amor de seus pais; Elias trabalhava com afinco, sonhando em oferecer um futuro melhor para a família que tanto estimava, e Marta se regozijava com a felicidade que a vida finalmente lhe oferecia; pelo menos até o dia em que a ousadia e a petulância de Getúlio trataram de mudar drasticamente o rumo daquela história.

Já fazia um bom tempo que o casal estava vivendo na fazenda. Elias era um empregado bastante dedicado, mas esse detalhe pouco importava a Getúlio. O desejo de se apossar de Marta era o que verdadeiramente interessava a ele, e acabou se lhe tornando uma invencível obsessão.

Heleninha já estava beirando os 5 anos de idade. Getúlio acompanhava o desenvolvimento da menina com certa contrariedade. Significava que o tempo estava passando rápido e ele não conseguia realizar o grande objetivo da sua vida, ou seja, conquistar a qualquer custo o coração da esposa de seu empregado.

Inconformado, resolveu, certo dia, partir para a investida, e a cena projetada na grande tela, assistida por ele e pelo Julgador, de novo o deixou extremamente constrangido.

Era uma tarde quente de verão. Marta estava sozinha em casa, pois Heleninha tinha o hábito de brincar com umas meninas que moravam numa casa vizinha. Getúlio sabia de tudo, porque há tempos vigiava o dia a dia da família. Sabia a hora que o marido saía para o trabalho e a hora que voltava. Conhecia a rotina da criança e de Marta. Assim, naquela tarde, entrou furtivamente na casa de seus empregados e surpreendeu a moça ao fogão, preparando o jantar. Ela estava de costas para a porta e só percebeu a presença do fazendeiro, depois que ele já a havia envolvido num violento abraço e tentava beijá-la a todo custo.

Numa atitude enérgica, Marta se voltou com surpreendente agilidade e aplicou uma bofetada no rosto de Getúlio. O fazendeiro recuou, indignado e, coçando o rosto que estava em brasa, gritou com ela:

— Como ousa bater em mim, sua louca?

Marta, ofegante, apanhou um tição para se proteger e ficou em posição de ataque, pronta para queimar o seu agressor, se houvesse necessidade. Encarou o fazendeiro com raiva e respondeu, com decisão:

— O senhor não tem o direito de invadir a minha casa e me agarrar desse jeito, senhor Getúlio! Sou uma mulher casada. Tenho muita honra e amo o meu marido, ouviu?

Por um momento, Getúlio se sentiu acuado. Teve certa vergonha de sua atitude, mas logo recuperou a costumeira prepotência:

— Hei! Você disse, sua casa? Esta casa aqui é minha, ouviu? Minha, como tudo o que existe nesta fazenda.

— Pode ser, senhor Getúlio! Mas eu e minha família não somos propriedade sua, e jamais o seremos, ouviu? Pensa que eu já não conheço a sua fama? Que já não percebi como o senhor se insinua para as mulheres desta fazenda?

Getúlio ficou olhando para ela, sem saber bem o que dizer. Marta prosseguiu, com voz exasperada, quase aos gritos:

— Então, é bom que saiba que eu não sou como essas coitadas que se entregam por medo, ou essas interesseiras que se entregam para tirar vantagens, ouviu? Sou uma mulher honesta, senhor Getúlio! E, por favor, vá embora daqui, agora!

Como ele permanecesse parado, sem demonstrar a menor vontade de se retirar, a esposa de Elias foi ainda mais objetiva:

— Fique sabendo que eu vou contar ao meu marido o que se passou aqui, e nós vamos embora da sua fazenda.

A reação de Marta causou certa preocupação em Getúlio. Embora se tratasse da esposa de um simples colono, um escândalo era sempre uma coisa desagradável de se enfrentar. Mesmo assim, fingiu não dar a menor importância.

— Faça como achar melhor, sua tola! Eu poderia oferecer à sua família uma vida com muito mais conforto, mas já que você quer assim, é problema seu.

Esta proposta foi acolhida com tanto nojo, que Marta cuspiu no chão, antes de ordenar, aos gritos:

— Suma daqui! Desapareça agora da minha frente, seu monstro!

E Getúlio, com medo de agravar ainda mais aquela delicada situação, não teve alternativa a não ser ir embora. Mas foi remoendo um ódio imenso pela mulher do Elias, sentimento que se estendia à família inteira do seu empregado.

Capítulo 8

Falsa acusação

"O homem, dotado de livre-arbítrio, terá que prestar contas do abuso da liberdade que lhe foi concedida, pois isso significa que cede aos maus instintos."

L.E – Questão 735

A partir do dia em que foi repelido por Marta, Getúlio ficou muito mais inquieto. Agora, o sentimento que passou a nutrir por ela se confundia entre desejo, raiva e certo temor. Não que tivesse medo da reação de Elias, pois o achava passivo demais para se tornar uma ameaça, mas temia as consequências de um possível escândalo.

Assim, passou um bom tempo distante da residência do casal, evitando se encontrar com qualquer membro da família.

Entretanto, com o passar do tempo, Getúlio se convenceu de que Marta recuara no propósito de contar o ocorrido ao esposo, afinal, eles não foram embora, e a rotina na fazenda continuava do mesmo modo, sem qualquer alteração.

Então, uma ideia tentadora passou a tomar forma em sua mente doentia e ele começou a remoer a desconfiança de que o casal poderia ter conversado e decidido que seria melhor Marta ceder às suas investidas. Assim, a família poderia permanecer acomodada ali, sem a necessidade de voltar à vida sacrificada que possivelmente tinha antes que Elias se tornasse seu empregado.

Esse pensamento voltou a encorajar o fazendeiro que, pouco a pouco, foi se reaproximando da esposa de Elias. Mas, quando ocorreu a segunda investida, Getúlio recebeu, não somente uma bofetada, como da primeira vez, mas uma tremenda surra.

Ocorre que Marta havia realmente contado ao esposo sobre a atitude dele. Indignado, Elias decidiu armar um flagrante. Era um rapaz humilde e pobre, mas possuía brios, e a atitude do patrão despertou nele os seus piores instintos.

Elias achava que era sua obrigação proteger a família de qualquer ameaça, inclusive do ataque de pessoas inescrupulosas como Getúlio. Assim, embora sob os protestos de Marta, que queria apenas abandonar a fazenda, ele decidiu se vingar.

O empregado de Getúlio passou a retornar mais cedo do trabalho e foi por isso que ele estava em casa naquele horário, prevendo que uma nova investida à esposa iria acontecer a qualquer momento.

Getúlio levou uma surra tão violenta, que terminou desmaiado. Elias, além de ser bem mais jovem, era muito mais forte que ele e, movido por aquele imensurável sentimento de indignação, despejou sobre o patrão, em forma de pancadas, toda a sua revolta.

Após o incidente, Elias e Marta, que já estavam com tudo preparado para partir, pegaram a filha e foram embora da fazenda, levando consigo alguns pertences e uma pequena quantia em dinheiro, adquiridos honestamente, mas que acabaram servindo de objeto para a vingança de Getúlio.

O fazendeiro só recuperou completamente a consciência uma hora mais tarde. Com muita dificuldade, encaminhou-se para o casarão, onde se jogou na cama. Extremamente humilhado e ferido em seu amor-próprio, mandou chamar um de seus capatazes, ordenando que ele fosse à delegacia fazer uma grave denúncia contra Elias. Segundo ele, havia sido vítima de uma emboscada na casa do ex-empregado que, além de roubá-lo, também tentara assassiná-lo.

Não demorou muito para que a família fosse interceptada, enquanto seguia por uma estrada, objetivando deixar aquele município. A viatura policial chegou em alta velocidade e parou bem próximo a eles.

Diante dos olhares assustados e amedrontados de Marta e Heleninha, três policiais, de armas em punho, deram voz de prisão a Elias.

— O senhor precisa vir conosco – ordenou um dos policiais.

Elias se abaixou para abraçar a filha que, assustada com toda aquela movimentação, começou a chorar.

— Por que querem me prender? – perguntou ele.

— O senhor deve saber muito bem qual é o motivo – respondeu o policial, com certa truculência.

— Esperem! Se for por causa do senhor Getúlio, eu sou inocente... Posso explicar o que aconteceu...

— O senhor terá oportunidade de provar a sua inocência, no momento oportuno. Mas, agora, precisa vir conosco.

Elias tentou se esquivar do policial que se aproximou, buscando imobilizá-lo. Heleninha estava grudada a ele, chorando e tremendo muito. Marta ficou petrificada, parecendo não acreditar naquelas cenas terríveis.

— Mas... E a minha filha? E a minha esposa? Por favor... – tentava argumentar Elias.

Um dos policiais arrancou Heleninha dos braços dele e a entregou a Marta, que também passou a chorar copiosamente, enquanto outro policial algemava Elias, dizendo com aspereza:

— O senhor deveria ter pensado nisto antes de cometer o crime. Não estamos aqui para julgar as suas ações. Isto acontecerá a seu tempo. Nós estamos aqui para cumprir uma ordem de prisão.

— Mas vocês não compreendem...

— Senhor Elias, não é uma questão pessoal. Trata-se do cumprimento de uma ordem superior!

Elias tentou reagir, pois estava preocupadíssimo com Heleninha que relutava, tentando descer do colo de Marta e gritava desesperadamente, com os bracinhos esticados em sua direção:

— Paizinho! Paizinho!

Mediante a reação de Elias, os policiais usaram a força física para imobilizá-lo.

— É melhor não resistir, para não agravar ainda mais a sua situação, rapaz! – gritou o homem que o algemara.

E Elias percebeu que realmente não havia nada que pudesse fazer, a não ser se entregar. Sua relutância estava promovendo cenas de agressividades que eram testemunhadas pela menina que, cada vez mais assustada, não parava de chorar e implorar aos policiais:

— Não bate no meu paizinho, moço! Por favor, solta ele!

Mas não houve jeito. Elias foi preso, acusado de roubo e tentativa de homicídio. Os objetos e o dinheiro que transportava, e que foram confiscados pelos policiais, serviram para comprovar, segundo deduziram, a veracidade do roubo. Os ferimentos em Getúlio reforçavam a denúncia de tentativa de assassinato.

Porém, mais do que isto, a palavra do poderoso fazendeiro era algo incontestável; argumento contra o qual os apelos dos pobres colonos não encontraram o menor respaldo.

Quando a viatura se afastou levando Elias, Marta e Heleninha, completamente desoladas, ficaram um bom tempo abraçadas, largadas à margem do caminho, chorando, sem saberem direito o que fazer.

Bem mais tarde foi que Marta tomou a iniciativa de retomar a caminhada, indo pela mesma direção que a viatura havia seguido. Precisou andar vagarosamente, pois seu debilitado coração voltava a lhe incomodar, provocando uma dor aguda em seu peito. Heleninha, completamente fragilizada, enroscou-se no pescoço da mãe e ficou repetindo uma cantilena chorosa:

— Me leva pro papai, mamãe! Me leva pro papai!

Capítulo 9

Dores multiplicadas

"Sim, quando os homens compreenderem a justiça e praticarem a lei de Deus. Nessa época, todos os povos serão irmãos."

L.E – Questão 743

Elias ficou detido, inicialmente, na delegacia de polícia do município onde o suposto crime havia ocorrido. Abandonadas à própria sorte, Marta e Heleninha perambularam por aquela pequena cidade, até que acabaram encontrando amparo na casa de uma velha viúva, que morava só e se encontrava quase cega. A mulher se chamava Lupércia e, mostrando-se sensibilizada com o desespero de mãe e filha, acolheu-as em sua pobre residência.

Tendo agora com quem deixar a menina, Marta fez uma visita à delegacia e implorou para ver o marido, mas não conseguiu sensibilizar o coração do delegado que era amicíssimo de Getúlio, e que, tomando para si as dores do fazendeiro, ficara indignado com os supostos crimes cometidos pelo colono.

— Seu marido está incomunicável. E, se eu fosse a senhora, ia embora, porque estou com muita vontade de indiciá-la como coautora desses crimes.

— Mas, seu delegado, meu marido não cometeu crime algum. Eu é que fui molestada... Ele só estava me defendendo...

— Poupe-me, dona Marta! Ou prefere que eu a indicie também por difamação contra um homem honrado, como o senhor Getúlio?

— Desculpe, seu delegado... Eu só estou pedindo para ver o meu esposo...

— Eu já lhe dei a resposta e não costumo mudar minha palavra. Por isso, é melhor que a senhora vá embora imediatamente, dona Marta.

— Mas, senhor...

— Retire-se daqui! – gritou o delegado, dando um soco na mesa. – Desapareça da minha frente, antes que eu mande prendê-la!

Completamente humilhada, sem a menor possibilidade de argumentar com aquele homem, Marta saiu dali chorando, desconsolada.

Mas a tragédia ainda ganharia proporções muito maiores. Ao chegar à casa de Lupércia, uma terrível surpresa aguardava a esposa de Elias. Ocorre que Heleninha havia desaparecido, e a velha dizia não ter a menor ideia do que havia acontecido à menina.

— Eu não sei o que houve. Heleninha estava muito impaciente e pediu para ficar no portão, porque queria ver a hora que você voltava, achando que o pai viria junto. Eu estava descansando no meu quarto e pensei que não havia nenhum perigo. Por isso, permiti que ela ficasse aqui fora lhe esperando – choramingou Lupércia.

— Ai, meu Deus! Cadê minha filhinha? O que fizeram com a minha Heleninha? – desesperava-se Marta, com as mãos espalmadas sobre o peito, como se tentasse conter os sobressaltos do coração enfermo.

E tudo o que foi possível Marta e Lupércia fizeram para tentar localizar Heleninha, mas as horas se passaram, o dia se escoou, veio a noite e uma sequência de dias de agonia e desespero, sem que o paradeiro da menina fosse descoberto.

Apelando ao delegado, a esposa de Elias voltou a ser hostilizada por ele e, além de não conseguir qualquer tipo de apoio para tentar localizar a filha, ainda teve a triste informação de que o marido havia sido transferido para um presídio, num município muito distante dali.

A tristeza imensa que se abateu sobre Marta, desprovida da companhia do marido e da filha querida, acabou agravando a enfermidade do seu coração e um repentino ataque cardíaco terminou por ceifar-lhe a vida, instantaneamente. A moça, que morreu durante a noite, sobre um paupérrimo colchão de palha, no casebre de Lupércia, foi enterrada numa cova rasa do cemitério local.

Um dia antes, prevendo o que poderia lhe acontecer, havia feito a velha lhe prometer que daria um jeito de visitar Elias e de contar a ele tudo o que havia se passado desde a sua prisão.

Somente alguns meses depois foi que Lupércia decidiu cumprir a promessa feita a Marta. Sem ter noção de como agir para chegar ao presídio, procurou o delegado e pediu orientação. Mesmo contrariado, o homem da lei a auxiliou a fazer a tal visita.

Lupércia finalmente visitou Elias na prisão e contou a ele o que havia acontecido à sua esposa e a Heleninha. Elias entrou em desespero ao tomar conhecimento dos fatos e precisou ser contido pelos carcereiros para não arrebentar a própria cabeça contra as paredes. Quando Lupércia foi embora, deixou atrás um homem completamente arrasado pela tristeza e pelo inconformismo.

No ápice do descontrole emocional, dias depois, Elias tentou se enforcar com tiras de lençol amarradas à grade da cela, mas não obteve sucesso. A tentativa de suicídio teve grande repercussão e houve mesmo quem afirmasse que ele, de fato, havia se matado. Isto foi, inclusive, o que o delegado garantiu a Lupércia quando a mulher, numa atitude de compaixão, comentou com ele que pretendia fazer nova visita ao detento, dias depois.

— Esquece aquele sujeito! – disse o delegado, secamente. – O infeliz se matou e a essas alturas deve estar no inferno, acertando contas com o coisa-ruim!

Lupércia recebeu aquela notícia com um tremendo mal-estar. No fundo, não conseguia deixar de se sentir culpada pelo infortúnio de Elias. Ela achava que, se Heleninha não tivesse desaparecido, Marta não teria sofrido o enfarte e, consequentemente, o chefe daquela infeliz família também não teria se matado.

E foi com o coração apertado que a velha voltou para casa, onde chorou copiosamente e orou com muito fervor, pedindo a Deus que amparasse aquelas pobres almas.

No entanto, Elias, uma vez recuperado, mudou de ideia quanto ao suicídio e resolveu que a melhor coisa a fazer seria se manter vivo, pois havia um motivo bastante forte para isto. Este motivo se chamava "vingança" e ele pretendia realizá-la a qualquer custo.

Elias decidiu que deveria sobreviver a tudo aquilo e alimentar dentro de si o imenso ódio que nutria por Getúlio. Viveria com o objetivo único de um dia se vingar do miserável que havia arruinado a sua vida e destruído a sua família, unicamente por não ter conseguido satisfazer os seus imundos caprichos.

E foi assim que o esposo de Marta arranjou forças para cumprir a longa pena a que fora condenado e que se ampliara ainda mais, em consequência do descaso da justiça, que o manteve aprisionado além do prazo determinado em sua sentença.

Capítulo 10

O veredicto

"A mais horrível tortura para os maus Espíritos consiste em pensarem que estão condenados sem remissão."

L.E – Questão 973

Quando as últimas cenas que ilustravam detalhes da vida de Getúlio se apagaram, a tela de projeção também foi se desintegrando, e o Julgador, finalmente, voltou a falar:

— E, então, senhor Getúlio! Acha que já viu o suficiente para chegarmos a um veredicto?

Getúlio estava cabisbaixo. Encontrava-se tão arrasado com o que acabara de ver, que mal conseguia respirar.

O Julgador prosseguiu:

— Pelo que aqui foi apresentado, o senhor cometeu gravíssimos pecados contra a lei dos homens e contra a lei de Deus. Conduziu sua vida de maneira irresponsável e criminosa, apagando de sua memória os atos pecaminosos que praticou, achando que, com isto, estaria livre de um julgamento severo e justo...

O homem de toga raspou a garganta e deu maior ênfase às próximas palavras:

— ...Em sua adolescência, o senhor fez aquela terrível maldade com o próprio genitor. Na juventude, praticou vários crimes, a ponto de ser condenado e preso. Na delegacia, cometeu outro crime gravíssimo. Depois, no presídio, iludiu uma jovem ingênua e religiosa, por puro interesse, traindo-a covardemente, no futuro, constituindo uma família que não soube preservar...

O Julgador fez nova pausa, e o silêncio no interior do prédio era algo assustador.

— ...Utilizando sua privilegiada posição social, seduziu e desgraçou a vida de muitas moças e até mesmo de mulheres casadas, apenas para satisfazer os seus instintos sensuais. E, finalmente, destruiu a vida de uma família de bem, apenas porque a honesta esposa do seu empregado não quis ceder aos seus caprichos.

— Chega! – gritou Getúlio, tapando os ouvidos com as mãos.

Este grito pareceu rasgar-lhe as fibras da garganta, mas ele estava tão desesperado, que nem se deu conta da dor.

— Chega! – voltou a repetir, agora com voz mais branda, quase sussurrada. – Não quero ouvir mais nada! Para mim, basta!

O Julgador finalmente se levantou e caminhou lentamente na direção do acusado.

— Por acaso, a sua consciência já chegou a um veredicto? – perguntou, com uma voz meio cantada, como se demonstrasse um grande prazer, mediante à subjugação do réu.

Getúlio, ainda com o rosto enfiado entre as mãos, abanou a cabeça.

— Por mais que eu me esforce, não consigo expor argumentos que me absolvam – sussurrou.

— Então... – insistiu o homem de toga, esfregando as mãos.

— ...A minha consciência me declara culpado! – concluiu Getúlio.

— E... – instigou o Julgador.

— ...E eu devo pagar pelas maldades que fiz – completou, chorando.

Como se estivesse representando uma cena teatral, o Julgador elevou as mãos para o alto e disse, num tom altissonante:

— Louvado seja Deus que, sendo justo e severo, pune todo aquele que se entrega às tentações da carne e peca!

E, apontando para Getúlio, prosseguiu:

— Temos aqui, Senhor, um grande pecador que se declara culpado e pede a Tua punição. Deste modo, obedecendo à Tua divina lei, entrego às mãos de Satanás esta criatura ingrata, que cedeu às tentações da carne e se tornou um instrumento do mal entre os homens de bem.

À medida que o Julgador proferia tais palavras, o ambiente foi se tornando escuro e tenso. Getúlio sentia o corpo todo tremer, numa agônica sensação de mal-estar.

— Invoco o Senhor das Trevas para conduzir ao inferno, onde deverá cumprir sua sentença, sofrendo por toda a eternidade, este ser abominável que pecou contra Ti, ó Pai!

Agora, a escuridão no interior do prédio era total. Não dava para distinguir sequer a silhueta dos bancos, as paredes ou o teto. O próprio Julgador havia desaparecido em meio às trevas, mas sua voz continuava a ecoar pelo recinto.

— Que a punição deste pecador sirva de exemplo àqueles que insistem em descumprir as leis do Criador.

A seguir, Getúlio sentiu que braços firmes e extremamente fortes imobilizavam os seus, prendendo-os às costas. Foi arrastado com violência pelo corredor, entre a parede e a fileira de bancos. Ouviu o barulho de um alçapão que se abriu sob seus pés e, sempre seguro pelas potentes garras que o imobilizavam, começou a descer uma escadaria em forma de caracol.

À medida que descia, sentia um calor insuportável que parecia brotar das profundezas do solo. Ouvia gritos, choros e imprecações, mas não conseguia enxergar nada. A escuridão era total.

Uma voz gutural sobressaía-se às demais e, de tempo em tempo, repetia a mesma frase:

— Sejam bem-vindos ao inferno, raça de pecadores! Escória de homens desvalidos!

E Getúlio foi encostado a uma muralha quente e áspera. Ali, as invisíveis garras ergueram seus braços, deixando-o apoiado nas pontas dos pés e o prenderam naquela incômoda posição, sustentado por umas presilhas fixadas alguns centímetros acima de sua cabeça.

Os gritos ecoavam muito próximos. Getúlio notou que aquele ambiente estava repleto de sentenciados, e a única maneira que encontrou de abrandar o mal-estar que sentia foi começar a gritar também. E assim o fez. Embora isso lhe provocasse um terrível ardor em sua já tão ressecada e dolorida garganta.

Estava no inferno criado por força do seu incomensurável remorso. Acreditava no castigo eterno e, vítima de sua própria consciência, não vislumbrava a menor possibilidade de escapar daquele lugar horrível.

Estava, segundo acreditava, irremediavelmente perdido.

Segunda Parte

Capítulo 11

Samuel e Elvira

"Havendo-se elevado a um certo grau, o Espírito, embora não seja ainda perfeito, já não tem que sofrer provas. Continua, porém, sujeito a deveres nada penosos."

L.E – Questão 268

O Centro Espírita Casa do Caminho estava próximo de completar três décadas de funcionamento e sua história era conhecida por praticamente todos os moradores daquele município, no interior do Paraná.

Naquela cidade vivera um homem chamado Samuel, que era possuidor de notáveis faculdades mediúnicas. Ele era bastante requisitado para, com o concurso de dedicadas equipes espirituais, cuidar da saúde da população mais carente, que não dispunha de dinheiro para ir ao médico ou para comprar medicamentos. Atribuição que realizava com muito boa vontade.

Suas consultas eram gratuitas, e o remédio, quase sempre à base de ervas e raízes, cultivadas em seu próprio quintal, também era fornecido por ele mesmo e invariavelmente alcançava o objetivo da cura.

A residência de Samuel e sua esposa, Elvira, era um pequenino casebre de estuque, coberto com sapé, e possuía um colorido jardim enfeitando a sua entrada. Uma horta bem cuidada, onde se cultivavam – além das ervas medicinais – legumes e verduras, ocupava o quintal dos fundos. Havia também uma pequena granja para a produção de ovos e uma boa variedade de árvores frutíferas, principalmente jabuticabeiras, que garantiam a subsistência do casal, que não tinha filhos.

Esse casebre ficava à beira de uma estrada, próximo à entrada do pequeno município e, na verdade, não pertencia ao casal, mas a um fazendeiro que, por caridade, permitia a sua permanência na propriedade.

Samuel, apesar de ter muita fé em Deus, não era necessariamente religioso. Segundo ele, Deus estava em toda a parte, e a grande maioria das religiões, em vez de unir, aparta os homens e desestimula a fraternidade universal, ensinada por Jesus.

Assim, aceitava indistintamente toda e qualquer filosofia que defendesse o amor ao próximo, sem optar por este ou aquele segmento religioso, em detrimento de outros. Do mesmo modo com que cultuava imagens de santos católicos, tinha, em seu diversificado oratório, a imagem de um Buda, símbolos sagrados de umbanda, cocares indígenas, entidades da crença hindu... Enfim, uma infinidade de símbolos que o médium curador ganhava de presente e conservava com muito afeto.

Ele fazia questão de guardar tudo o que lhe ofereciam e, para aqueles que o criticavam por este gesto, ele dizia sempre:

— O que demonstra a elevação espiritual de um homem não é a religião que ele defende, mas a caridade praticada e a oração feita com a fé pura e verdadeira; com o amor e o respeito sincero por Deus Nosso Senhor e pelo nosso semelhante.

E defendia o seu ponto de vista.

— O resto são rituais inventados pelo homem, quase sempre para suprir suas próprias limitações morais e alimentar fantasias que nada acrescentam à verdadeira ascensão do Espírito. Eu respeito todas as crenças e todas as manifestações religiosas, mas penso que Deus, sendo um só, há de corresponder sempre à linguagem da oração simples e verdadeira, provinda do coração daquele que não discrimina a fé alheia e que não coloca os seus interesses à frente dos ensinamentos do Cristo.

E havia tanta coerência em suas palavras, e, principalmente, tanta coesão entre as coisas que pregava e as que realizava, que dificilmente alguém se atreveria a contrariar o seu modo de pensar.

Samuel era um grande exemplo de amor e caridade. Seus atos falavam por si. Seu casebre vivia apinhado de sofredores; crianças, adultos e idosos formavam verdadeiras filas no quintal da humilde residência para receberem alívio às suas dores físicas ou, até mesmo, para ouvirem os sábios conselhos que aquele homem, inspirado por leais amigos da outra esfera, estava sempre disposto a lhes oferecer.

Elvira era a incansável assistente que organizava os atendimentos e despachava os receituários, entregando as ervas indicadas e orientando os assistidos sobre a maneira correta de usá-las.

Quando já contava muitos anos de atividade em seu casebre, Samuel, que nunca tivera problemas com os padres católicos, nem com a justiça, acabou sendo atacado pelo dirigente de um novo segmento religioso recém-instalado na cidade.

Esse dirigente espiritual achou que os pensamentos de liberdade religiosa propagados pelo médium representava uma perigosa ameaça aos interesses de sua organização, que visava manter os fiéis sob rédeas curtas. Assim, a pretexto de alertar o povo sobre as artimanhas das trevas, iniciou uma campanha difamatória contra Samuel. Segundo ele, o médium recebia a assistência do diabo que, disfarçando-se de benfeitor, tentava induzir as pessoas à perdição.

— É uma troca de favores, não veem? Atitudes alicerçadas em interesses escusos. O diabo o ajuda a aliviar o sofrimento das pessoas, por um período, e vai subtraindo-lhes a alma, afastando-os dos compromissos com a igreja – afirmava em seus sermões, para uma limitada assembleia de seguidores.

E quando alguém dizia ao religioso que Samuel não cobrava um centavo pelas consultas nem pelos remédios, ele contra-argumentava:

— Sempre há um interesse pessoal por trás das ações patrocinadas pelo Coisa-ruim. É só uma questão de tempo e logo o povo verá se tenho ou não razão.

E profetizava, convicto:

— Um dia, a máscara vai cair, e a cidade inteira verá se revelar a verdadeira faceta desse sujeito.

Mas o tempo seguia seu curso natural; as ações de benemerência de Samuel também prosseguiam e máscara alguma caía, para decepção do caluniador.

Ao mesmo tempo em que tentava deturpar as ações do médium, o religioso buscava arrebanhar um número cada vez maior de adeptos para a sua instituição, onde cobrava uma considerável taxa mensal, com o intuito de, segundo dizia, manter as despesas materiais da entidade e testar a boa vontade dos fiéis para com as obras imprescindíveis do Criador.

Inicialmente, as investidas do perseguidor não incomodaram Samuel, que continuava realizando tranquilamente o seu trabalho, sem dar a menor atenção às provocações que, de vez em quando, chegavam-lhe aos ouvidos.

Mas, a insistente perseguição daquele homem era algo impressionante e começou a tomar proporções bem mais comprometedoras.

Um dia, a humilde residência do casal benfeitor foi invadida por um homem que dizia representar a justiça, e que estava acompanhado de dois policiais.

Esse homem fez muitas perguntas às pessoas que aguardavam para serem atendidas e, logo depois, deu voz de prisão a Samuel. Segundo ele, estava comprovada uma denúncia levada às instâncias judiciais sobre a prática ilegal de medicina.

Samuel foi conduzido à delegacia e, por medida de segurança, devido aos protestos dos moradores daquele município, foi conduzido a uma cidade vizinha, onde ficou encarcerado.

A Elvira, só restou chorar e rezar, pedindo a Deus que não a desamparasse naquele difícil momento e que lhe devolvesse ao seio familiar o marido inocente.

Capítulo 12

Curando na prisão

"Privar-se a si mesmo e trabalhar para os outros, tal a verdadeira mortificação, segundo a caridade cristã."

L.E – Questão 721

Samuel ficou preso por quase três meses e, quando foi libertado, sem que qualquer ilegalidade fosse juridicamente comprovada contra ele, estava ainda mais fortalecido em seus objetivos. Ocorre que, no período em que esteve na prisão, o médium, com seu jeito simples e cativante, acabou fazendo amizade com os policiais e, também ali, desenvolveu as suas funções de curandeiro.

Um dos policiais tinha um sério problema nos olhos. Ele estava ficando cego por causa de uma espécie de catarata que vinha lhe encobrindo toda a retina. O olho direito estava totalmente comprometido e o esquerdo já possuía mais da metade da retina tomada pela doença.

Um dia, percebendo o ar de tristeza e dor que o homem expressava, Samuel não resistiu e puxou assunto:

— Há quanto tempo você sofre desse problema na vista, meu filho?

O policial, a quem a simpatia do médium já havia conquistado a confiança, respondeu com naturalidade:

— Há uns 10 anos. E o pior é que agravou muito nos últimos meses. Infelizmente, terei de abandonar o meu ofício, tendo ainda tanto tempo de trabalho pela frente.

O policial, que era bastante jovem, desabafou com Samuel, falando-lhe sobre a insegurança quanto ao futuro.

— Tenho esposa e três filhos, e estou com muito medo de ficar cego de vez. Não sei como vou fazer para sustentar minha família, e isto me leva, muitas vezes, a pensar até em suicídio.

Samuel o confortou, falando sobre a presença de Deus em nossas vidas e a importância de se enfrentar com coragem as provações que nos estão reservadas.

— Eu tinha fé – disse o policial. – Mas isto foi antes de começar a enfrentar esta situação. Agora, já nem sei se ainda acredito em Deus.

Samuel encarou com comiseração aqueles olhos opacos, quase totalmente recobertos por aquela película esbranquiçada.

— Você sabe por que eu estou preso? – perguntou-lhe.

— Sim. Disseram que o senhor é um rezador que receita remédios caseiros e que foi preso por prática ilegal da medicina.

— Você confiaria em mim, ou me denunciaria, se eu me propusesse a ajudá-lo?

O policial o encarou com segurança e respondeu:

— Só consigo ver no senhor uma pessoa de bem e, sinceramente, fico triste por vê-lo aqui preso, enquanto há tanto criminoso em liberdade.

Samuel o encarou mais seriamente.

— Gostaria de um receituário para curar essa doença?

O policial abriu um sorriso.

— O senhor acha que tem jeito?

— Eu não acho, meu filho, eu tenho certeza! Mas você precisa retomar a sua fé e, juntamente ao tratamento, fazer sinceras preces, pedindo a Deus que o auxilie.

O policial assentiu, e foi assim que o médium lhe passou uma receita até bem simples. Ele deveria aplicar sobre os olhos, diariamente, antes de se deitar, o mel de uma determinada espécie de abelha e lavá-los na manhã seguinte, com uma infusão preparada com algumas raízes amargas.

Duas semanas depois, os olhos do policial estavam praticamente curados e ele não sabia de que modo poderia retribuir ao prisioneiro o imenso favor recebido.

— É por isso que o senhor está preso? Por curar os outros? Por ser tão caridoso?

Samuel apenas sorria e dizia com voz serena:

— Nunca mais duvide da bondade de Deus, meu filho! Não deixe a sua fé se esmorecer e ensine os seus filhos também a cultivá-la; a amar a Deus sobre todas as coisas, sempre!

A notícia sobre a cura dos olhos do policial acabou vazando e não demorou nada para que outras pessoas começassem a procurar a delegacia, em busca de receituários e conselhos.

Um dos últimos a ser tratado foi o próprio delegado, que acabou cedendo à pressão exercida pela esposa, para cuidar de uma persistente bronquite, cujas crises temporárias sempre o deixavam acamado.

Samuel cuidou do delegado, mas avisou que, no caso dele, a doença seria apenas abrandada, porque, por questões cármicas, a cura total seria impossível.

Mas o abrandamento dos efeitos da bronquite proporcionou uma melhora considerável na qualidade de vida do delegado. Também ele ficou muito grato ao médium, que sempre deixava claro serem de Deus, e não dele, os méritos pelo sucesso do tratamento.

— Quem cura é o Pai Maior! – assegurava, apontando para o céu.

E sempre incentivava a pessoa curada a fortalecer a sua fé e a propagar o amor de Deus como a maior dádiva que os homens podem receber.

E foi assim que Samuel voltou para casa, para alegria dos inúmeros amigos e de Elvira, que amargara aquele difícil período de solidão e saudade.

O religioso que denunciara o médium acabou não ficando muito tempo naquela cidade, pois não conseguiu obter um número suficiente de fiéis patrocinadores para sustentar as despesas da sua igreja. O município era pobre demais para acolher a sua dispendiosa doutrina.

Capítulo 13

O menino doente

"Em verdade vos digo que o homem simples, porém sincero, está mais adiantado no caminho de Deus."

L.E – Questão 828

A vida de Samuel e Elvira finalmente voltou à normalidade, mas os atendimentos fraternos, propagados agora para além dos limites daquele município, teve um crescimento considerável. Pessoas de cidades vizinhas começaram a procurar o médium, em busca dos mais variados tipos de tratamento.

Com isso, alguns assistidos que haviam se beneficiado das atividades mediúnicas de Samuel, percebendo a necessidade de auxiliares para o bom desenvolvimento dos trabalhos, começaram a se oferecer como voluntários, o que foi aceito com alegria pelo casal.

Um dia, uma luxuosa caminhonete estacionou no quintal empoeirado do casebre. Um homem elegantemente vestido desceu do veículo, entrou na fila e esperou com paciência pelo momento de conversar com Samuel.

Era o proprietário de uma madeireira que, tendo ouvido falar das curas realizadas pelo médium, para lá se dirigiu naquela manhã, em busca de socorro.

— Sou um homem relativamente rico – disse mais tarde ao médium, com um tom de voz melancólico. – Mas daria cada centavo do dinheiro que possuo, para salvar a vida do meu único filho.

E narrou o seu drama. O menino, que tinha 12 anos de idade, nascera com uma deficiência pulmonar. Quando veio ao mundo, os médicos disseram que ele não deveria durar muito tempo, prevendo, no máximo, uma década de existência.

O madeireiro e sua esposa, que não voltaram a conceber filhos, dedicavam todo o tempo a cuidar da criança. Recorreram aos melhores profissionais de saúde, levaram o menino aos hospitais mais renomados que conheciam, inclusive no exterior, mas os tratamentos só faziam amenizar a gravidade da doença, sem que uma cura definitiva ocorresse.

A situação da criança estava se agravando bastante nos últimos meses, e os pais não sabiam mais o que fazer para evitarem a perda do filho querido, até que ouviram falar das curas realizadas por Samuel e decidiram procurá-lo.

Ouvindo o triste lamento daquele pai desesperado, Samuel sentia o coração oprimido por um constante sentimento de compaixão. Por meio de sua mediunidade, conseguia visualizar o menino que estava acamado em sua casa, numa fazenda que ficava um pouco distante dali.

Possuía um rostinho pálido e magro, onde finíssimas veias azuladas se mostravam sob a pele, quase transparente. Os lábios descorados, apesar do sofrimento constante do seu frágil corpinho, abriam-se num terno sorriso sempre que alguém o inquiria. Os olhos azuis mantinham-se quase sempre fechados, mas, quando abertos, emitiam uma luz especial. Era a manifestação da alma que ali habitava, demonstrando uma férrea vontade de viver.

— Eu acho que poderemos cuidar do pequeno Renato – disse Samuel, ao final da narrativa do homem. Informações otimistas lhe haviam sido dadas pelos mentores espirituais que ali atuavam.

O madeireiro, que se chamava Leôncio, ficou extremamente surpreso, porque em momento algum havia revelado o nome do filho ao médium.

— Não posso lhe prometer que seu garoto ficará curado, mas posso lhe garantir que faremos o melhor possível e, se for da vontade de Deus, ele ficará bem melhor.

Os dois conversaram bastante e Samuel concluiu que, melhor do que submeter o menino a uma desgastante viagem, enfrentando as estradas mal cuidadas da região, seria ir ao encontro dele e tratá-lo em sua própria residência.

Então, Samuel procurou deixar todas as coisas organizadas no casebre e se preparou para passar uma temporada na fazenda de Leôncio.

Uma semana depois, o pai de Renato retornou à casa do médium e o levou para sua propriedade, onde o benfeitor permaneceu por quatro semanas. Nesse período, cuidou diariamente do pequenino Renato com extrema dedicação. Ali, embora fosse insistentemente assediado pela hospitalidade do casal, Samuel não aceitou qualquer privilégio. Apesar do luxo incomensurável da residência e das variadas guloseimas que lhe ofereciam às refeições, ele se acomodou num pequenino quarto, destinado aos empregados, e se alimentou unicamente de vegetais, em quantidades bastante reduzidas, exatamente como fazia em sua casa.

Contando com a total confiança dos pais do enfermo, Samuel passava várias horas do dia cuidando do menino. Aplicava-lhe unguentos, ministrava-lhe medicamentos naturais e, principalmente, orava o tempo todo, invocando o concurso das entidades benfeitoras para auxiliarem no tratamento.

Exatamente um mês depois, Samuel se despedia do casal, deixando naquele lar, antes tão desolado, a alegria de uma criança totalmente curada. Depois do tratamento, Renato nem mais lembrava o pequenino enfermo que passara a maior parte da vida acamado, sem disposição para nada. Agora, apresentando um aspecto imensamente melhor, trazia a pele corada, as pernas e os braços firmes, os lábios rubros, o sorriso aberto... Passou a se alimentar bem e engordou mais de quatro quilos durante aquele período.

Levado a fazer exames laboratoriais, os resultados foram tão surpreendentes, que os próprios médicos desistiram de encontrar uma explicação lógica para o fenômeno.

Mas, para Samuel, a explicação era até bem simples:

— Aconteceu porque Deus permitiu! – e encerrava o assunto por aí.

Entre o médium e o menino brotou uma profunda e sincera amizade, que nunca mais arrefeceu. Renato desenvolveu um sentimento de amor muito grande por Samuel, a quem passou a chamar de vovô e, mais tarde, tendo conhecido Elvira, em visitas realizadas à casa dos benfeitores, chamava-a de vovozinha.

Capítulo 14

A Casa do Caminho

"Toda crença é respeitável, quando sincera e conducente à prática do bem. Condenáveis são as crenças que conduzam ao mal."

L.E – Questão 838

Quando Samuel, já bem idoso, deixou o corpo físico, Elvira, alguns anos mais nova que ele, manteve-se à frente dos trabalhos do marido. Os atendimentos contavam agora com um considerável número de voluntários. Alguns desses trabalhadores eram médiuns videntes e não demorou muito para que a presença do benfeitor, agora em Espírito, fosse testemunhada por alguns deles.

O recado enviado aos trabalhadores, pelo competente médium curador que agora habitava a esfera espiritual, era a de que as tarefas não podiam cessar, mas que, ao contrário, deveriam ser ampliadas ao máximo.

O município havia crescido bastante nos últimos tempos, devido à construção de uma importante rodovia que para ali levou grande progresso, ligando-o às maiores metrópoles do país. Diariamente, passaram a chegar à cidade migrantes de vários estados do Brasil e até imigrantes, provindos do exterior, em busca de oportunidades de trabalho.

Terras, antes devolutas, passaram a ser ocupadas e cultivadas, com o incentivo das autoridades governamentais. A indústria e o comércio impulsionavam o crescimento urbano, enquanto os investidores da pecuária e da agricultura, devidamente orientados e apoiados pelo governo, alavancavam o progresso nas áreas rurais.

Juntamente com os novos moradores, chegavam também novos problemas e uma necessidade maior de auxílio espiritual.

Foi desse modo que o grupo de auxiliares se cotizou e, contando com a boa vontade do proprietário, conseguiu adquirir o terreno onde Samuel e Elvira moraram por tantos anos.

Angariando fundos por meio de doações, foram aos poucos erguendo, ao lado do antigo casebre do casal benfeitor, um prédio de razoável tamanho com o objetivo de se fazer dali uma estância de atendimento aos necessitados.

Dentre os novos trabalhadores que para lá se encaminharam, havia alguns adeptos do Espiritismo que, percebendo que as ações de caridade ali desenvolvidas se adequavam perfeitamente à Doutrina do Cristo e, consequentemente, à Doutrina dos Espíritos, expressa nos livros codificados por Kardec, logo a edificação recém-inaugurada recebeu a denominação de Centro Espírita.

Como ficava à margem do antigo caminho de acesso à cidade, transformada agora numa movimentada rodovia, deram-lhe o nome de Casa do Caminho, à imitação da casa de atendimento aos miseráveis edificada pelo apóstolo Pedro, no caminho que levava a Jerusalém, logo após a crucificação de Jesus.

A iniciativa foi perfeitamente aprovada pelo Espírito Samuel, que continuava orientando os trabalhadores e que pediu, também, fossem implantados na Casa, os estudos da Doutrina Espírita, a fim de melhor preparar os servidores para o desempenho de suas funções, principalmente no que se referia ao uso de suas faculdades mediúnicas.

Finalmente, após deixar a vida física, Samuel decidia seguir uma linha religiosa, mas continuava irredutível no tocante a respeitar as demais religiões e a jamais discriminar qualquer pessoa que comungasse um ponto de vista religioso diferente daquele praticado na Casa do Caminho.

E foi desse modo que os trabalhos naquele recanto fraterno seguiam firmes, sem qualquer interrupção, tendo servido de alívio à dor física e moral de muita gente, além de oferecer a muitos outros a oportunidade do trabalho fraterno, com base na caridade e no incondicional amor ao próximo.

Capítulo 15

Coração de pedra

"Lembrai-vos destas palavras de Jesus: Bem-aventurados os que sofrem, pois que serão consolados."

L.E – Questão 926

Dentre as pessoas que trabalhavam no Centro Espírita Casa do Caminho, havia um homem que ali se encontrava há um bom tempo. Chamava-se Elias e chegara completamente arrasado, com muito ódio no coração, e somente recorrera ao atendimento naquela instituição pelo fato de não ter para onde ir.

Segundo ele, que à época tinha pouco mais de 40 anos de idade, mas cujo semblante fechado fazia parecer bem mais velho, estivera preso por um longo período, vítima de um grande equívoco da lei dos homens, já que teria sido acusado de um grave crime, do qual jurava inocência. Abandonado pela justiça, na cela de um presídio, viu a vida se escoar diante de seus olhos. Deixou atrás a esposa amada e uma filhinha em tenra idade.

Narrava, com os olhos banhados de lágrimas e com muita revolta no coração, o modo como soubera da morte da esposa e do desaparecimento de sua filha. Dizia ter tentado, mas que só não havia conseguido se matar, porque precisava se vingar do homem que havia desgraçado a sua vida. Afirmava que, durante o tempo em que esteve preso, este foi o objeto de seus planos para o futuro: haveria de matar o infeliz, mesmo que fosse esta a última realização da sua vida.

Mas, segundo Elias, após cumprir a longa pena a que fora condenado e que, por falta de atenção das autoridades judiciais, havia ultrapassado o tempo da condenação, foi atrás do tal sujeito que o injustiçara, mas ficou decepcionado ao saber que o homem havia morrido há um bom tempo, vítima de uma doença cancerosa. Eliminada a possibilidade da vingança, restou-lhe a vida errante e inútil das pessoas que perambulam sem objetivos.

Das alegrias passadas restou somente a saudade e os restos mortais da esposa, numa cova rasa do cemitério onde ela fora enterrada. Ali, em letras mal escritas e desbotadas pelo tempo, estava gravado o nome dela, numa cruz tosca de madeira, seguido da data de nascimento e de falecimento. Marta tinha apenas 25 anos de idade quando deixou o corpo físico. Dos anos alegres do passado, restara também a incerteza sobre o paradeiro da filha e uma imensa tristeza, que o tempo não conseguia debelar.

Após peregrinar durante anos a esmo pelas estradas, tentando em vão encontrar um trabalho digno, Elias acabou parando naquela cidade, onde foi informado sobre o atendimento fraterno oferecido indistintamente na Casa do Caminho. Ali, pela primeira vez em muitos anos, foi tratado com honradez e afetividade.

Elvira, que estava já bem idosa nessa época, sensibilizou-se demais com a história de vida daquele andarilho e com o testemunho de amor entre ele e a esposa, tão parecido com o amor que sempre nutrira pelo esposo Samuel.

Notando em Elias uma profunda sinceridade e, orientada pelo marido, em Espírito, a benfeitora acolheu o ex-presidiário no casebre que lhe pertencera no passado e que se encontrava abandonado, pois ela agora ocupava um quarto que lhe fora destinado no novo edifício.

Elias aceitou a oferta, mas deixou claro que seria por pouco tempo, pois pretendia seguir sua peregrinação vida afora, tentando, quem sabe, encontrar um dia o paradeiro da filha.

Mas a vida seguiu seu curso e ele não encontrou outro lugar mais promissor e sossegado que aquele. Reformou o casebre e passou a trabalhar no cultivo da horta que se encontrava meio abandonada desde o falecimento de Samuel. Cuidou também e revitalizou as árvores frutíferas que voltaram a produzir em boa quantidade. Mais tarde, reativou também as atividades da granja, para a produção de ovos.

A chácara voltou a ganhar vida sob o comando de Elias. Elvira, em silêncio, acompanhava os trabalhos com muito entusiasmo, saudosista dos tempos em que o marido ali estava fisicamente e era quem desenvolvia todas aquelas atividades.

Companheiro inseparável de sua benfeitora, Elias só se tornava arredio quando ela o chamava para participar dos trabalhos espirituais da Casa do Caminho.

—Vamos lá, meu filho! – chamava, com brandura.

Elias se inquietava e, mesmo constrangido, se esquivava, coçando o queixo, fazendo muxoxo.

—Vou não, dona Elvira. Meu coração é uma pedra que trago no peito. Uma coisa dura e insensível, moldada pela forja da mágoa e do ódio.

— Que pena!

—Eu não estou disposto a ouvir vocês falando sobre perdoar os inimigos, porque o meu inimigo, mesmo que esteja morto e enterrado, eu jamais perdoarei!

E, nesses momentos, seu semblante se tornava endurecido, a voz saía com dificuldade, demonstrando uma dor incomensurável.

Elvira achava melhor não insistir.

— Quem sabe um dia, meu filho?!

E seguia penalizada para as reuniões de trabalho da Casa. Durante as orações, pedia muito a Deus que libertasse o coração do ex-presidiário daquele cativeiro de mágoas e rancores em que se encontrava encarcerado.

Capítulo 16

Uma visita especial

"O Espírito prova a sua elevação, quando todos os atos de sua vida corporal representam a prática da lei de Deus e quando antecipadamente compreende a vida espiritual."

L.E – Questão 918

Uma noite em que estava dormindo no antigo casebre, Elias acordou de madrugada e percebeu que uma tênue luminosidade clareava parcialmente o seu quarto, onde, normalmente, era bastante escuro. Ele ficou intrigado com aquela estranha claridade, tentando desvendar de onde ela surgia. Notou, por fim, que a luz frouxa parecia brotar de dentro da parede que ficava em frente à cama.

À medida que fixava o olhar na parede, percebeu que uma figura ia lentamente tomando forma diante dos seus olhos. A aparição se moldava a partir de uma espécie de fumaça branca e, aos poucos, ganhava os contornos bem definidos de um ser humano.

Elias sentiu certo medo, seu corpo começou a ficar arrepiado e ele tentou se levantar. Mas, foi como se uma força invisível o mantivesse preso à cama. Quis chamar por alguém, mas a voz ficou embargada.

Então, manteve-se em silêncio, com o coração sobressaltado, à medida que via a imagem de um homem se formar inteiramente diante de seus olhos. Elias já conhecia Samuel por meio de fotografias e o reconheceu na figura que ali se formou. Essa percepção lhe deu certo alívio e a sensação de medo foi substituída por outra, de curiosidade.

— Não tenha medo! – disse-lhe mentalmente a aparição. – Não estou aqui para assustá-lo. Vim para lhe orientar, meu filho!

E o Espírito começou a dizer umas coisas a Elias, procurando tirar suas dúvidas e reconfortar-lhe o coração.

— Como você pode ver, assim como eu, Marta também continua viva e todos aqueles que julgamos mortos prosseguem vivendo. Nossa vida não está restrita à matéria; ao contrário, é justamente na matéria que estamos mais limitados em termos de vida.

— O senhor disse, Marta? Onde ela está? – perguntou o ex-presidiário, sem muita certeza se estava realmente acordado ou se aquele cenário fazia parte de um sonho.

— Ela está aqui e, se você quiser, poderá vê-la.

O coração de Elias entrou em descompasso. Era óbvio que desejava vê-la! Percorreu o aposento com olhos perscrutadores, tentando visualizar Marta em algum lugar.

— Acalme-se! – aconselhou Samuel. – Para vê-la, você terá de vencer a ansiedade. Relaxe!

Elias procurou seguir a orientação do Espírito amigo e, aos poucos, começou a distinguir a imagem de Marta ao lado de sua cama. Uma sensação de paz o envolveu inteiramente e ele começou a chorar.

— Não chore, meu querido! – disse a esposa, acariciando-lhe levemente os cabelos. – Estou aqui porque nossos amigos espirituais atenderam aos constantes apelos de dona Elvira, para que você fosse esclarecido sobre algumas coisas. Primeiramente, para que você tenha a certeza de que eu não estou morta, que estou temporariamente habitando o plano espiritual, mas que continuo viva, acompanhando, sempre que possível, os seus passos. Quero lhe dizer também, que nem tudo o que nos parece injusto, é de fato injustiça...

— Como assim? – interferiu Elias, interrompendo o choro. – Você quer dizer que não fui vítima de uma injustiça, ao pagar por um crime que não cometi? Ao perder você e a nossa filha, da maneira cruel como perdi?

Marta, demonstrando muita serenidade, prosseguiu:

— Deus é todo amor e justiça, meu querido! O que aconteceu a nós foi apenas um acerto de contas de situações vividas no passado. Nós causamos grandes prejuízos ao senhor Getúlio, em outra época, e pedimos a Deus que nos concedesse a oportunidade de aliviar nossas culpas, por meio da expiação. Deste modo, passamos por sofrimentos parecidos com os que imputamos a ele, quando praticamos atitudes inconsequentes em outra encarnação.

— O quê? – perguntou Elias, com certa indignação. – Quer dizer que sou eu mesmo o culpado de todo o sofrimento que venho experimentando? Isto é inconcebível! Eu não acredito...

— Pois acredite, meu querido! Confesso que eu também custei a aceitar a realidade dos fatos, mas, hoje estou convicta de que Deus não cobra nada além daquilo que devemos. Em nossa encarnação anterior, nós vivíamos juntos e, infelizmente, não tivemos uma vida muito correta. Eu era uma mulher leviana e você estava sempre buscando os meios mais fáceis de ganhar dinheiro. Com o meu incentivo, você praticava variados furtos e nós vivíamos com os recursos originados desses delitos...

Apesar de tratar de um tema tão grave, a voz de Marta ressoava com brandura no silêncio da noite:

— ...Um dia, você resolveu aplicar um golpe mais ousado, para tentar definir de vez a nossa situação financeira. Contando com a cumplicidade de uma serviçal que prestava serviço para um rico empresário, você, numa noite muito infeliz, invadiu a residência desse homem, que era o senhor Getúlio em sua penúltima encarnação. Ele era viúvo e morava com sua filhinha Camila, à época, com 6 anos de idade e que era a razão da sua maior alegria. A mulher que aceitou auxiliá-lo nesse ato sinistro, visando lucro financeiro, era babá da menina e, contando com a excessiva confiança que o patrão depositava nela, deixou o portão de entrada e a porta dos fundos entreabertos, para facilitar o seu acesso à luxuosa residência...

Após uma breve pausa, Marta retomou:

— ...O que ninguém esperava era o desfecho trágico daquela ação inconsequente. Getúlio, pego de surpresa, não ofereceu resistência, entregando a você uma grande soma em dinheiro e joias. Mas, quando você já estava se retirando do local do crime, a menina, que dormia num quarto contíguo ao do pai, acordou assustada e começou a gritar. Os gritos dela o irritaram e você, desnorteado, atirou nela, antes de fugir. Getúlio fez o que pôde para socorrer a pequena Camila, mas ela terminou desencarnando nos braços dele...

Enquanto Marta falava, era como se as cenas fossem reprisadas na mente de Elias. Um terrível mal-estar tomou conta dele.

— ...Você conseguiu fugir, levando o produto do assalto. Nós nos mudamos para uma cidade distante e, sem nunca termos respondido pelo crime praticado, desfrutamos do dinheiro arrecadado no assalto. Getúlio nunca conseguiu perdoar o assassino de sua filha e passou o resto da vida perseguindo-o, sem, no entanto, lograr êxito em sua empreitada...

Elias estava em silêncio, absorvendo cada detalhe daquelas terríveis revelações. Após breve pausa, Marta prosseguiu:

— ...Naquela encarnação, nós não pagamos pelo crime cometido. Mas, de volta ao plano espiritual, sofremos imensamente e, após uma pesada crise de consciência, pedimos para expiar as nossas faltas. Por isso, nesta nova experiência, você acabou preso e nós não pudemos permanecer juntos. A separação da filha, que tanto amamos, foi uma forma de experimentar um sofrimento similar ao que imputamos a Getúlio naquela existência.

— Meu Deus! – suspirou Elias. – Parece loucura, mas é como se eu estivesse me lembrando de tudo.

— Essas lembranças só estão sendo possíveis, porque é de suma importância que você se conscientize do seu papel nesta nova oportunidade, meu querido! Não perca a chance que Deus está lhe concedendo de conhecer a verdade. Aceite o convite de dona Elvira e estude o Espiritismo. Ao menos você terá embasamento para tirar as suas conclusões. Se trilhar o caminho certo, você terminará por cumprir uma importante missão, que o ajudará muito nesta nova experiência terrena.

A voz de Marta foi se tornando fraca. Elias, aflito, percebeu que a luminosidade do quarto começava a esmaecer. A aparição da mulher ia aos poucos se esvaindo.

— Espere! – implorou ele. – Não vá embora ainda... E a nossa filha? Fale-me dela...

— Nossa filha é, antes de mais nada, filha de Deus, Elias! Todos nós o somos. Não se preocupe com ela, pois está bem! Sigamos firmes em nossos objetivos, porque um dia, com a permissão do Pai, voltaremos a ficar juntos. Acredite!

— Oh, Marta...

Elias voltou a chorar.

— Como saber se não estou sonhando, Marta? Eu a amo muito e quero acreditar que tudo isto é real; que um dia voltaremos a ficar juntos. Mas, como vou ter certeza disso?

Agora, a aparição era apenas uma tênue imagem, quase apagada, mas ainda pôde dizer, antes de desaparecer de vez:

— Com o auxílio do senhor Samuel, consegui lhe trazer um presente, meu amor! Algo que fará com que você não duvide de que foi realidade o que aconteceu nesta noite. Fique com Deus, e não se esqueça nunca deste nosso encontro. Não se esqueça também de que, para seguirmos em nossa evolução moral, é necessário libertar os nossos corações dos sentimentos negativos! Perdoe, para se libertar deste fardo inútil de mágoas e aflições! Perdoe, para que se torne também digno do perdão de Deus! O momento é de perdoar, meu querido, e não de cultivar rancores!

Em breves instantes, o quarto voltou a mergulhar na escuridão. Cansado, Elias logo pegou no sono, mas, mesmo dormindo, seus soluços quebravam o silêncio, madrugada adentro. Um sentimento que oscilava entre tristeza, saudade e remorso misturava-se a uma estranha sensação de liberdade. Era sua alma que, iniciando um lento processo de compreensão das leis universais, começava a se libertar das amarras do ódio que o acompanhara por tanto tempo.

Capítulo 17

O aprendiz

"Amai-vos uns aos outros, eis toda a lei, lei divina, mediante a qual Deus governa os mundos."

L.E – Questão 888

Quando Elias acordou, no dia seguinte, antes mesmo de se lembrar inteiramente dos fatos ocorridos ali em seu quarto, sentiu que algo macio e delicado, colocado sobre o travesseiro, esbarrava-lhe no rosto. Ao se virar para ver do que se tratava, teve uma grande surpresa: era uma belíssima rosa azul que ali estava. O pequeno quarto estava inteiramente tomado pelo suave perfume que a flor, úmida e fresca, denotando ter sido colhida há pouquíssimo tempo, espalhava pelo ambiente.

Elias deduziu que aquela raríssima rosa representava a família que ele julgara ter perdido anos atrás, pois aquela não era uma flor comum, era Ternura, a raríssima rosa que somente germinava no jardim que Marta havia cultivado na casa de colonos onde tinham vivido, na fazenda de Getúlio. Elias nunca mais vira aquela espécie tão diferente de roseira e sabia que naqueles arredores elas não existiam.

A partir daquele dia, a vida dele passaria por uma significativa mudança.

Elvira ficou extremamente feliz, quando Elias contou a novidade a ela. Ele estava muito comovido e foi entre lágrimas que narrou a conversa que tivera com a esposa, naquela noite.

— Ela me deixou esta rosa, dona Elvira! – disse, mostrando a flor, com a emoção de uma criança que exibe um brinquedo novo. – Falou que nossa filha está bem.

— Que bom, meu filho! – suspirou a benfeitora, acariciando as pétalas azuladas da rosa que Elias segurava. – E agora, o que você pretende fazer?

— Ela me pediu para estudar o Espiritismo. Disse que eu tenho muito que aprender sobre a vida, e que encontrarei respostas nos livros da codificação.

— Que ótimo! E você vai obedecer? – perguntou Elvira, sorridente.

— Sim! Peço desculpas à senhora, por haver fugido sempre aos seus convites, mas agora eu quero muito aprender sobre essas coisas. Ela falou sobre vidas passadas, débitos contraídos em outras encarnações, e coisas desse tipo.

— Tudo isso está nos livros que usamos em nossos estudos, meu filho! Brevemente, você terá todo esse conhecimento.

Desde então, Elias se tornou um aluno muito aplicado nos estudos de *O Evangelho segundo o Espiritismo*. Encontrou na Doutrina Espírita respostas para as suas dúvidas e, cada mais, se convencia de que tudo o que Marta lhe dissera naquela noite era a mais pura realidade.

Assim, estudou também os fenômenos mediúnicos e entendeu que aquela comunicação com a esposa só fora possível pelo fato de ele ser médium. Aprendeu que, como médium, deveria se tornar um trabalhador da causa, já que, conforme estudou em *O Livro dos Médiuns*, a mediunidade extensiva é uma ferramenta oferecida por Deus a alguns homens e deve ser colocada a serviço da Humanidade.

Após todos esses estudos, Elias começou a atuar nos trabalhos espirituais da Casa do Caminho. Tornou-se um trabalhador dedicado e totalmente comprometido com os preceitos doutrinários do Espiritismo; principalmente no que se refere à caridade e ao amor incondicional.

Quando Elvira desencarnou, anos mais tarde, ele, tendo as suas faculdades mediúnicas acentuadamente ampliadas, acabou herdando o compromisso de dirigir as tarefas naquela Casa Fraterna.

E os trabalhos na Casa do Caminho prosseguiram, ininterruptamente, contando com os esforços e a boa vontade de um considerável grupo de voluntários.

Elias, por meio de sua mediunidade, que se desabrochara de modo espetacular, seguia as orientações da equipe espiritual que se responsabilizava pelas tarefas ali desenvolvidas. Tornou-se um trabalhador complacente, piedoso e compreensivo. Deste modo, conquistou o sincero afeto de todos os membros da grande equipe que atuava naquele local.

Da esfera espiritual, Samuel comandava os trabalhos na Casa do Caminho. Era ele que, dentro das condições necessárias às comunicações, orientava os médiuns, principalmente o novo dirigente da instituição, oferecendo-lhe segurança e, consequentemente, bom êxito nos trabalhos ali desenvolvidos.

Outra pessoa que, apesar de residir um pouco distante do Centro Espírita, estava sempre presente, era Renato, o filho do madeireiro, que fora curado na infância, após tratamento espiritual ministrado por Samuel.

Renato se transformou num rapaz de compleição agradável e muito simpático. Intrigado com o episódio de seu tratamento e cura, interessou-se muito pelo Espiritismo e se tornou um grande estudioso do assunto. Renato e Elias acabaram se tornando bons amigos desde o primeiro momento em que foram apresentados por dona Elvira.

— Este rapaz é uma pérola em forma de gente! – dissera a mulher de Samuel ao apresentar o jovem a Elias.

— Apesar de morar um pouco longe, está sempre por aqui, visitando a nossa Casa, agraciando-nos com a sua bela presença.

Ao apertar a mão de Elias, Renato, sorridente, comentou com ele:

— Olha, quem está me chamando de pérola! A dona Elvira é que é uma joia rara! – E, virando-se para ela. – Eu sou apenas um privilegiado, que teve a oportunidade de encontrar pelo caminho pessoas maravilhosas como a senhora e o senhor Samuel.

E o rapaz fazia questão de contar a história de sua cura, enriquecendo-a com detalhes afetivos que emocionavam os ouvintes. Também ele dificilmente conseguia falar do assunto sem evitar que uma torrente de lágrimas lhe vertesse daqueles olhos azuis, de onde transparecia toda a sinceridade dos seus nobres sentimentos de gratidão a Deus.

Ouvindo-o falar com tanta comoção do processo de cura a que fora submetido, Elias também ficava bastante emocionado e passou a nutrir um imenso carinho por aquele jovem.

Terceira Parte

Capítulo 18

Falando com os mortos

"Só por meio do bem se repara o mal e a reparação nenhum mérito apresenta, se não atinge o homem nem no seu orgulho, nem nos seus interesses materiais."

L.E – Questão 1000

Alguns anos se passaram e, sob a orientação do Espírito Samuel, Elias implantou no Centro Espírita Casa do Caminho uma rotina semanal de reuniões mediúnicas, cujo objetivo era dar assistência aos desencarnados, permitindo a manifestação dos Espíritos sofredores, que se comunicariam utilizando o concurso dos médiuns.

Assim, uma pequena equipe foi preparada para desenvolver essa nova função naquela casa de atendimento fraterno. A equipe se dividia entre os médiuns de incorporação – ou de passividade – que emprestariam o aparelho físico para os desencarnados se manifestarem; os médiuns de sustentação, cuja função seria acompanhar mentalmente os trabalhos, emitindo vibrações de amor fraterno aos assistidos, além de se manterem em oração, buscando harmonizar o ambiente; e os orientadores, que se encarregariam de esclarecer os Espíritos manifestantes, objetivando sanar as suas dúvidas.

Durante as primeiras sessões, quase não ocorreram fenômenos espirituais, tendo o grupo se limitado a estudar o Evangelho e a receber e transmitir comunicações sobre a importância do trabalho que ali estava sendo iniciado.

Porém, seis meses depois de implantada a nova tarefa, as manifestações espirituais se deslancharam com uma intensidade incrível.

Equipes de socorristas atuantes no plano espiritual conduziam àquele recinto verdadeiras caravanas de entidades sofredoras, desequilibradas, insensíveis, endurecidas, enfermas... Enfim, com todos os conflitos existenciais que sobrevivem à desencarnação e continuam a subjugar, na outra esfera, os que fogem à verdade libertadora dos ensinamentos espirituais.

Todos os desencarnados eram tratados com muita afabilidade e os esclarecimentos sobre as condições em que se encontravam, acabavam libertando muitos deles de imensuráveis sofrimentos, e os preparavam para voltarem à carne, em novas experiências terrenas.

Muitas dúvidas iam sendo esclarecidas no decorrer dos atendimentos; muito ódio era debelado e inúmeras ações de reconciliação entre inimigos seculares tinham início ali.

Com o passar do tempo, Elias foi se tornando um verdadeiro especialista em dialogar com os desencarnados. Sua mediunidade evoluiu de forma espetacular, de modo que, quase sem perceber, teve desenvolvida enormemente a sua vidência. Assim, ele conseguia visualizar, não só o Espírito comunicante, como o ambiente onde este se encontrava e até outras entidades que, por razões benéficas ou negativas, estivessem juntas daquele.

Suas incursões mentais à esfera espiritual se tornaram uma prática quase corriqueira e, durante inúmeras sessões mediúnicas, Elias se sentia fora do corpo físico, indo auxiliar as equipes socorristas a libertarem entidades sofredoras, chafurdadas nos locais mais tenebrosos, nas regiões inferiores do Umbral.

O dirigente da Casa do Caminho precisou de muita coragem, persistência e conhecimento doutrinário para conviver com as diversas entidades maldosas que atuam daquele lado, liderando as falanges do mal. Precisou também de muito amor fraterno para libertar do cativeiro Espíritos aprisionados em seus próprios sentimentos inferiores.

Aprendeu que orgulho, vaidade, mágoa, inveja, ciúme, etc., são os mesquinhos sentimentos que se tornam verdadeiros casulos mentais, dos quais o homem não consegue se libertar, independentemente de se encontrar no corpo físico ou fora dele.

E assim prosseguiu em seu trabalho, sob a orientação de Samuel, de Elvira – agora também em Espírito – e de uma dedicada equipe de servidores do bem que dava assistência àquela casa de atendimento fraterno.

Capítulo 19

Renato e Maria

"O homem tem que progredir incessantemente e não pode voltar ao estado de infância."

L.E – Questão 778

Um dia, durante uma das muitas visitas que fazia à Casa do Caminho, Renato se mostrou triste e introspectivo. Elias notou a mudança no comportamento do rapaz, que era normalmente muito alegre e extrovertido. Convidando-o a se sentar num banquinho rústico de madeira que ficava à sombra das jabuticabeiras, no antigo pomar do casebre de Samuel, perguntou-lhe:

— O que está havendo com você, Renato? Parece meio preocupado.

O rapaz deu um profundo suspiro, meneou a cabeça e respondeu, pensativo:

— A vida, às vezes, não é muito generosa, seu Elias, e parece que está nos colocando em provações.

Elias exibiu um sorriso melancólico, lembrando-se das duras provas que ele próprio tivera de enfrentar ao longo da vida.

— É assim mesmo que as coisas acontecem. Mas, pelo que tenho visto, são essas provações que nos fortalecem e demonstram o nosso grau de evolução, pois testam a credibilidade que damos aos desígnios de Deus.

— Eu sei. Mas, é que estou passando por um momento bastante complicado em minha vida.

— Quer falar sobre isto? – perguntou Elias, apoiando a mão no ombro do rapaz.

— É... Acho que estou precisando mesmo desabafar. Meu problema está sendo com minha companheira.

— Companheira? Mas eu nem sabia que você é casado.

— Na verdade, eu não comento muito sobre este assunto, mas vivo maritalmente com uma companheira, desde que era bem jovem. É uma moça a quem amo muito, mas que quase não sai de casa e sempre me causou muitas preocupações. Aliás, o nosso relacionamento em si já foi uma situação bastante complicada, porque, embora sejam pessoas muito liberais, meus pais não aprovaram totalmente a união.

— E tinham motivos para isso?

— Bem, ela é de origem humilde e, além disso, tem um temperamento bastante introspectivo.

E Renato narrou a sua história:

Maria era uma moça muito pobre, quando os dois se conheceram. Na verdade, era uma criada da casa dos pais dele. Quando apareceu por lá, era apenas uma menina de 10 anos de idade e estava acompanhada da avó. Segundo contou a mulher que a acompanhava, Maria havia acabado de ficar órfã de pai e mãe, em função de um acidente, e ela era a sua única parenta viva. Disse que estavam precisando de um canto para ficar e que, em troca da acolhida, poderiam realizar tarefas domésticas.

Os pais de Renato se condoeram com a situação das duas e contrataram a avó de Maria para fazer pequenos serviços caseiros, oferecendo um modesto soldo, além de moradia para as duas.

À época, Renato, que tinha 13 anos de idade, havia acabado de ficar curado da doença que o mantivera acamado por muito tempo. Agora, com a saúde revigorada, era importante ter a companhia de alguém com quem pudesse compartilhar os anos festivos da infância saudável. A menina acabou chegando na hora certa àquela casa, e os dois se tornaram muito próximos.

Durante alguns meses, a vida seguiu sem grandes novidades naquela fazenda, mas um dia a avó de Maria, que se mostrara no dia a dia uma mulher mal-humorada e preguiçosa, disse que precisava fazer uma breve viagem e deixou a menina sob os cuidados dos patrões, mas simplesmente desapareceu. Nunca mais voltou a dar sinais de vida naquele lugar.

Inicialmente, houve muita preocupação e uma busca criteriosa por informações foi realizada, a fim de tentar descobrir o paradeiro da mulher, inutilmente. Foi como se ela houvesse se evaporado.

Os pais de Renato ficaram preocupados com a reação que Maria poderia ter em função desse acontecimento. Temiam que a menina, que já apresentava em vários momentos um comportamento enfermiço e contemplativo, fosse se desesperar diante do sumiço da avó. Mas perceberam, com certo alívio, que a ausência da velha não a afetara em nada. Concluíram que Maria não era assim tão apegada à sua parenta e a vida prosseguiu normalmente.

Adotada pelos patrões, a pequena cresceu ao lado de Renato, numa relação extremamente afetiva e carinhosa. Embora houvesse uma grande diferença social entre eles, Renato nunca conseguiu encarar Maria como uma simples criada e sempre a tratou com muito carinho.

Com o passar do tempo, a amizade entre os dois se tornou um sentimento diferente e o rapaz percebeu essa mudança quando, anos mais tarde, tendo se transformado numa belíssima moça, de compleição admirável, Maria passou a ser cortejada pelos rapazes daquela região. Renato não conseguia disfarçar o ciúme que o acometia quando algum dos seus colegas tecia elogios às qualidades físicas da jovem.

Maria também nutria pelo companheiro de infância muito mais que amizade e, embora não possuísse olhos para mais ninguém, tinha perfeita noção da distância social que havia entre eles. Além disso, sempre aparecia alguém para preveni-la:

— Não se iluda, Maria! Este rapaz é muito modesto e simpático, mas é filho de gente rica e, com certeza, vai se casar com uma moça que também seja rica.

Ela sorria, disfarçando a contrariedade.

— E daí? Não me preocupo nem um pouco. Ele que se case com quem quiser.

Dizia isto, mas, no fundo, morria de medo de que suas palavras se tornassem realidade, o que fazia acentuar ainda mais a sombra de tristeza que demarcava o seu semblante.

Mas, o destino acabou mesmo unindo-os. Os pais de Renato, que há tempos já vislumbravam a possibilidade de os dois estarem apaixonados, ainda relutaram um pouco, tentando dissuadir o filho quanto àquela decisão, pois pretendiam para ele um casamento mais promissor. Mais até do que a condição social, o que preocupava os genitores do rapaz era o comportamento um tanto esquisito da futura nora. Eles achavam que ela possuía distúrbios mentais, pois sofria frequentes oscilações de humor e, às vezes, permanecia isolada do mundo por um tempão, completamente ensimesmada, alheia a tudo o que se passasse à sua volta.

Mas, foi em vão a tentativa de impedir a união dos dois. Renato não via nenhum problema no comportamento de Maria, achando perfeitamente normal que ela, de vez em quando, tivesse necessidade de recolhimento.

Diante da insistência do rapaz em assegurar que Maria era a única mulher que lhe serviria de companheira, não tiveram saída a não ser aceitar a união do filho com a criada da casa. No entanto, o relacionamento entre a moça e a inconformada sogra nunca foi dos melhores.

— Eu e Maria vivemos juntos há muito tempo – completou o rapaz, ao fim da narrativa. – Não temos filhos, mas não posso dizer que sejamos infelizes.

— Mas esta é uma linda história de amor, meu jovem! Não entendi o motivo dessa tristeza em seu olhar – disse Elias, tentando animá-lo.

— É que, até aqui, eu narrei o lado positivo da história. O lado negativo é que Maria está ficando doente.

— Mas, que tipo de doença ela tem?

— Não conseguimos descobrir. Segundo os médicos, o problema é mais psicológico do que físico, mas a verdade é que ela está definhando a olhos vistos – disse Renato com tristeza. – De uns anos para cá, Maria vive praticamente trancada no quarto, buscando se isolar cada vez mais e também tem evitado alimentar-se, alegando uma constante falta de apetite. Além disso... – e Renato, emitindo um suspiro de desânimo, baixou a cabeça.

— Além disso, o quê? – perguntou Elias, incentivando-o a continuar.

— Além disso, ela tem se mostrado muito desanimada com a vida... Às vezes, fica falando em se matar para me deixar livre, para não mais representar um estorvo na minha vida.

— Isto é muito grave! – sussurrou o dirigente da Casa do Caminho, penalizado com a situação exposta.

— Estou com muito medo, seu Elias. Se minha Maria morrer, eu não sei se vou resistir! Eu a amo demais...

Elias coçou a cabeça, pensativo.

— E se você procurar...

— ...Um tratamento espiritual para ela? É isto que o senhor quer propor?

— Sim! Por que não o faz? Afinal, deu certo para você.

— É aí que entra o motivo de outra preocupação, seu Elias. Eu tenho muita fé em Deus, e sou uma prova concreta de que Ele pode nos curar, quando recorremos à sua bondade e quando não há impedimento de cunho moral para que a cura se opere, conforme aprendi estudando a literatura espírita...

— Naturalmente, nem todas as pessoas que sofrem, devem ou podem ser curadas – emendou Elias.

— Foi o que eu li. Há casos em que a cura pode atrapalhar a vida da pessoa, oferecendo-lhe facilidades que a levem a recair em tentações já vivenciadas no passado. Nesses casos, a enfermidade é uma espécie de rédea, cujo objetivo é conter os impulsos negativos do Espírito encarnado.

— Realmente, há muitos casos dessa natureza. Quando é assim, a cura pode não ocorrer ou pode ser concedida apenas parcialmente, de acordo com a evolução moral do enfermo.

— E eu acho muito justo que seja deste modo. Afinal, Deus não nos concederia favores que, na verdade, serviriam para nos criar mais problemas, não é?

— Certamente, mas nada nos impede de tentar. Afinal, embora seja, às vezes, um mal necessário, o sofrimento físico é uma coisa muito desagradável. E, não sei por que lhe digo isto, mas sinto que não há objeções para que sua esposa seja curada. Tenho certeza de que Maria é uma boa moça.

— É aí que entra o meu dilema, seu Elias! Maria não acredita na bondade de Deus.

— O quê?

— É isto mesmo! Quando propus a ela, logo no início da doença, submeter-se a um tratamento espiritual, ela ficou enfurecida. Disse que isto é uma grande besteira, que Deus não ajuda ninguém e que odeia ouvir falar o nome d'Ele.

— Então ela é ateia?

— É muito pior! Ela considera Deus um adversário. Ela simplesmente O odeia. E o pior é que eu nunca havia notado este lado obscuro na personalidade de Maria. Não sei se ela me escondeu ou se fui eu mesmo que não prestei atenção.

— E você não sabe a razão desse comportamento da sua esposa?

— Acredito que seja o modo como foi criada. Para o senhor ter uma ideia, nós só não temos filhos porque ela nunca quis engravidar. Eu sinto que ela me ama com sinceridade; percebo que sofre muito sabendo que sua decisão me deixa frustrado, mas ela morre de medo de conceber um filho. Diz que teme pelo destino da criança.

— Traumas de infância?

— Difícil saber, seu Elias. Ela não se abre, desconversa quando toco no assunto. E eu nem posso falar essas coisas com os meus pais. Amo muito a minha esposa e não gostaria de criar um clima maior de desarmonia entre Maria e eles.

— Mas, os seus pais não percebem o comportamento dela no dia a dia?

— Por sorte, nós quatro não vivemos juntos e nos encontramos muito raramente. Na verdade, eu nunca tive muita afinidade com o trabalho realizado na madeireira do meu pai. Depois do meu casamento, devido ao difícil relacionamento, principalmente entre Maria e minha mãe, decidimos que eu e minha esposa deveríamos morar num sítio afastado da fazenda deles, numa propriedade utilizada para o plantio de árvores renováveis para abastecer a madeireira.

— Então, você não se encontra sempre com os seus pais?

— Sim. Eu vou sempre à casa deles e nós nos damos muito bem. Maria é que não faz questão de encontrá-los. Nós apenas respeitamos a vontade dela.

— Puxa vida, que situação desagradável! – exclamou Elias, cada vez mais sensibilizado com os problemas do rapaz. – Vamos pensar numa forma de ajudar a sua esposa.

— Eu não sei se será possível, seu Elias.

— Não desanime, rapaz! Vamos fazer muitas preces e pedir ao plano espiritual para nos dar orientações.

E a partir daquele dia, Elias passou a se concentrar no dilema de Renato, pedindo orientação sobre aquele caso, e envolvendo Maria em muitas vibrações de amor fraterno.

Paralelamente, os trabalhos na Casa do Caminho prosseguiam com um ritmo bastante intenso. Os sofrimentos advindos das esferas espirituais também exigiam certa urgência.

Capítulo 20

O pecador

"Muitos acreditam na eternidade das penas, o que, como já se vos disse, é um castigo."

L.E – Questão 263

Uma noite, durante os trabalhos mediúnicos, cujo objetivo era o atendimento aos desencarnados, Elias se viu diante de uma cena estarrecedora. A sala do Centro Espírita, onde as sessões ocorriam, foi aos poucos mudando de cenário e a tênue luminosidade do local foi desaparecendo, deixando o ambiente totalmente mergulhado em trevas.

Um calor insuportável e um odor tremendamente desagradável tomaram conta do local. Choros e gemidos agônicos espalhavam-se pelos ares, provocando um terrível mal-estar aos médiuns que ali se encontravam.

Elias, de olhos fechados e se mantendo em constante oração, começou a visualizar o triste cenário onde aquilo acontecia. Era uma espécie de calabouço, imundo, fétido e muito quente. Em meio às trevas que dominavam o local, vozes lamuriosas destilavam impropérios, gritavam e choravam o tempo todo.

De repente, por meio de um dos médiuns, uma entidade se manifestou e começou a repetir:

— Pequei, meu Deus! Pequei, meu Deus! Pequei...

Elias percebeu que aquele era o objetivo para o qual deveria voltar a sua atenção. Aproximou-se do médium e iniciou um diálogo com o Espírito que se encontrava ligado a ele.

— Seja bem-vindo, meu irmão, em nome de Jesus!

A entidade, demonstrando não ter ouvido nada, continuou a sua ladainha:

— Pequei, meu Deus! Pequei, meu Deus! Pequei...

Elias se aproximou ainda mais do médium e, com voz branda e amorosa, insistiu:

— Meu querido irmão em Cristo! Seja bem-vindo a esta Casa de Oração!

O Espírito silenciou e, demonstrando surpresa diante daquela inesperada saudação, perguntou com voz sussurrada:

— Que lugar é este? Por que estou aqui?

Elias procurou tranquilizá-lo.

—Aqui é uma casa de oração e atendimento fraterno. Em nome de Jesus, seja muito bem-vindo, companheiro!

A entidade se inquietou.

— Eu não posso estar aqui! Não posso! Tenho que voltar para o meu castigo.

— E por que precisa voltar para o seu castigo? – perguntou o orientador.

— Porque fui condenado ao suplício eterno. Porque sou culpado. Porque pequei, meu Deus!

Até aquele momento, por força da ação do Espírito comunicante, o médium que permitira o contato mantinha os braços erguidos acima da cabeça, como se estivesse algemado naquela posição. Mas, nesse momento, percebeu que estava solto e pareceu tomar um susto.

— Quem me soltou? – perguntou, sobressaltado.

— Foi o amor do Cristo que o libertou – respondeu Elias.

— Não pode! Você não percebe que não pode?

— E por que não pode?

— Eu já disse! Porque estou cumprindo pena. Fui condenado, não entende?

— Condenado por quem?

— Por Deus... E também pela minha consciência...

A entidade sofredora começou a chorar e implorou:

— Oh, será que você não entende? Eu não posso abandonar o inferno. Leva-me de volta. Eu estou condenado a ficar lá eternamente. Eu pequei muito. Fiz muita maldade!

Elias percebeu que aquele caso era bastante complicado. Elevou o pensamento a Deus e pediu orientação.

A entidade continuava implorando:

— Deixe-me ir, por favor! Eu não posso abandonar o meu castigo. Preciso pagar pelo que fiz. Deixe-me ir, por favor!

Elias ia dizer alguma coisa, quando viu Samuel ao lado do Espírito sofredor, aplicando-lhe fluidos sedativos. O benfeitor espiritual se comunicou mentalmente com o dirigente do trabalho, dizendo assim:

— Já é o suficiente, meu filho! Deixemos por enquanto o nosso pobre irmão e encerremos por aqui o trabalho de hoje.

Elias, apesar da experiência adquirida ao longo dos anos, à frente daquele trabalho, estava confuso naquele caso. Não conseguia entender direito o que se passava. Ele sentia que alguma coisa diferente estava acontecendo, mas não conseguia alcançar o que era exatamente.

Samuel, percebendo-lhe o conflito, comentou:

— A pior condenação que uma pessoa pode receber é aquela provinda de sua própria consciência. Este nosso irmão foi condenado por ele mesmo. Ele se convenceu de que é extremamente culpado e se aplicou como pena o sofrimento eterno.

— Mas, como pode alguém ser tão duro consigo mesmo?

— Sendo induzido por outra pessoa.

— Um julgador?

— Pode ser... Ou um manipulador de mentes. A indução ocorre, de modo geral, por alguém que se julga acima do bem e do mal. Alguém que se considere tão sem pecado, que se sinta no direito de atirar, não só a primeira pedra, mas também a última.

Elias estava tentando digerir aquelas informações, quando Samuel voltou a dizer:

— Calma, meu filho! De qualquer modo, o atendimento a este irmão não teria como ser feito de uma só vez.

E, sorrindo com brandura, prosseguiu:

— O primeiro passo já foi dado. Estabelecemos o primeiro contato, e ele irá, aos poucos, enxergando a realidade dos fatos. Com calma, iremos tentando conscientizá-lo.

— Então, ele voltará? – perguntou Elias.

— Naturalmente! Mas, por hoje, chega, está bem? Faça a prece de encerramento dos trabalhos e tenha a certeza de que a tarefa foi cumprida a contento.

Então, Elias deu por encerrado o trabalho daquela noite, dispensando a equipe mediúnica, sem maiores comentários sobre a questão. Mas, durante toda a noite, não conseguiu tirar da cabeça o inusitado daquela situação, tão diferenciada de tudo o que houvera experimentado até ali, desde que assumira a direção das reuniões mediúnicas.

Capítulo 21

A doença da mágoa

"Obedecendo à lei de Deus e não a violando é que podereis forrar-vos ao jugo da vossa matéria terrestre."

L.E – Questão 725

Três dias depois, Renato voltou a procurar Elias para dizer que a situação de Maria havia se agravado.

— Inicialmente, tratava-se de um estado mórbido, em que ela ficava sonolenta e dormia o tempo todo. Mas, agora, está ficando complicado, pois ela está se tornando um pouco agressiva. Estou tentando tratá-la com calmantes cada vez mais fortes, mas não está sendo fácil – disse o rapaz, com voz desconsolada.

— Pobrezinha! – suspirou Elias, cheio de compaixão.

— Se Maria continuar assim, terei de interná-la num manicômio. Para conseguir sair de casa e cuidar dos meus afazeres, tive de contratar uma enfermeira que não se desgruda dela na minha ausência. Tenho muito medo de que ela atente contra a própria vida.

Elias meditou por uns segundos, buscando orientação dos amigos espirituais. Finalmente, respondeu, olhando nos olhos tristes de Renato.

— É um caso de auto-obsessão.

— Auto-obsessão? Como assim?

— Sua esposa está com uma ideia fixa que poderá mesmo levá-la à loucura, caso não receba apoio e um sério tratamento.

— Mas, que espécie de ideia fixa?

— É alguma coisa ligada ao passado dela. Alguma espécie de trauma, talvez. Tem certeza de que ela nunca mencionou nada sobre fatos vividos na infância, antes de vocês se conhecerem?

— Tenho! Quer dizer, eu e meus pais sempre a achamos muito triste, desde pequena. Mas, daí, a dizer que ela tenha sofrido algum trauma...

— O problema da sua esposa é alguma coisa ligada à mágoa, revolta, algo assim.

— Mas ela nunca comentou nada a respeito.

— Isto é uma coisa que você poderia tentar descobrir, Renato. Se conseguir fazer com que Maria se abra, que lhe fale sobre o que a deixa tão revoltada, talvez consigamos iniciar um tratamento espiritual.

— O senhor está dizendo que o mal que a está destruindo é algum sentimento corrosivo, alimentado por ela mesma?

— Exatamente. Nossos maiores males, de um modo geral, são criados dentro de nós mesmos. As angústias, as mágoas, as situações mal resolvidas, e, principalmente, a falta de perdão. Tudo isto se transforma em enfermidades que minam as nossas energias e quase sempre nos levam à derrocada.

— Como é que o senhor pode afirmar isto com tanta convicção?

Diante da pergunta de Renato, Elias o encarou com seriedade e comentou:

— Meu filho, você já deve ter ouvido falar muita coisa a meu respeito. Que sou um ex-detento, que cumpri pena num presídio...

Um pouco constrangido, Renato acenou a cabeça afirmativamente.

Diante disto, Elias prosseguiu:

— Pois eu vou lhe contar o que realmente me aconteceu. Eu estava no auge da minha vida, bem empregado, vivendo com minha esposa Marta e nossa filhinha, numa casa de colonos da fazenda onde me empreguei. Éramos uma família pobre, porém honrada e muito feliz, para os nossos padrões. Eu e Marta nos amávamos muito e a nossa filha era o nosso xodó. Tínhamos muitos planos. Pretendíamos envelhecer juntos, vendo a nossa menina crescer, educando-a dentro dos preceitos afetivos de amor e respeito...

À medida que falava, a voz de Elias ia ficando um pouco embargada, e Renato ouvia tudo silenciosamente.

— ...Um dia, minha esposa me disse, indignada, que havia sido molestada pelo dono da fazenda onde eu trabalhava. Pediu-me para irmos embora dali, mas eu, com muito ódio do meu patrão, achei que não deveria apenas abandonar a fazenda. Decidi me vingar, armando uma cilada para o infeliz. Numa segunda investida dele contra a honra de minha esposa, ataquei-o impiedosamente e apliquei-lhe uma tremenda surra. Pois bem, sentindo-me vingado, peguei Marta e nossa filha e fui embora dali. Estávamos caminhando pela estrada, sem destino, porque eu não sabia de que modo iria recomeçar a vida, mas algo muito pior ainda estava me aguardando...

Nessa altura da narrativa, Elias respirou fundo e secou com o polegar uma lágrima que lhe escapou furtivamente pelo canto do olho.

— ...Fui interceptado pela polícia e recebi voz de prisão. Meu ex-patrão havia me denunciado por roubo e tentativa de homicídio. Devido à sua grande influência na região, eu não tive a menor chance de me defender. Deixei atrás, à margem daquela estrada, minha esposa e filha que choravam desesperadamente, enquanto a viatura se afastava, levando-me para a prisão. Fui julgado e condenado sem conseguir um filho de Deus que me defendesse daquela injustiça. Fui conduzido a um presídio, onde cumpri uma longa pena...

Renato estava praticamente imóvel, ouvindo o relato amargurado daquele homem, que se mostrava tão emocionado, à medida que narrava suas desventuras.

— ...Mas, o pior ainda não havia acontecido – prosseguiu Elias. – O pior foi que, alguns meses depois da minha condenação, sem ter conseguido obter qualquer informação sobre Marta e a menina, recebi no presídio a visita de uma senhora desconhecida. Ela me disse que fora me visitar cumprindo uma promessa feita à minha esposa, para me notificar sobre o que tinha acontecido a

Marta e à nossa filha. As duas estavam perdidas, Renato! Minha filha havia desaparecido e ninguém sabia do seu paradeiro. Marta, desesperada com a minha injusta prisão e com o desaparecimento da nossa menina, acabou sofrendo um infarto fulminante. Ela era portadora de uma doença cardíaca e seu coração não suportou tanto sofrimento. Minha esposa morreu de desgosto, Renato! Pode uma coisa dessas?

A essas alturas, Elias já não conseguia conter os soluços que lhe brotavam da alma.

— Uma família inteira destruída por causa do capricho de um homem insensato.

— Meu Deus! Que história mais louca... – murmurou Renato, em meio a um profundo suspiro.

Elias secou os olhos, conteve os soluços e voltou à costumeira serenidade.

— Só estou lhe contando isto, Renato, para você ver como o ódio pode se tornar uma doença dentro de nós. Quando eu soube que Marta estava morta e nossa filha desaparecida, eu também quis morrer e cheguei a tentar o suicídio no cárcere, mas não consegui. Depois, repensei a questão e achei que, se não havia morrido, deveria dedicar minha vida a odiar o homem que me destruiu. E, realmente, foi o que fiz. Esperei pacientemente, alimentando-me daquele sentimento corrosivo, esperando apenas chegar o momento da minha vingança. Quando saí da prisão e soube que ele havia morrido, meu ódio aumentou ainda mais.

— Então, o senhor não se vingou?

— Não! Não tive a oportunidade de me vingar, como pretendia. Por causa disso, quase enlouqueci, por que me parecia que a única coisa que poderia me livrar daquele enorme peso, representado pelo ódio, era a vingança. Hoje, percebo que naquela época andei muito doente; como estive doente também, após peregrinar pelo mundo, sem rumo certo, sabendo que meu inimigo já estava morto e que eu não poderia me vingar dele. Mas, graças a Deus, hoje eu tenho consciência de que estava enganado. Descobri isto no dia em que, por intermédio do senhor Samuel, tive um encontro espiritual com Marta. Ela me alertou sobre muitas coisas que eu desconhecia e me convidou a refletir, convencendo-me de que é muito importante perdoar os nossos inimigos.

— Sua esposa apareceu para o senhor?

— Sim! Uma noite tive o privilégio de conversar com Marta, em Espírito, quando ela me passou várias informações sobre nossa última encarnação. Foi então que percebi que eu não era tão injustiçado quanto pensava.

— E o senhor não titubeou? Não achou que poderia ter sido apenas uma alucinação? Um sonho?

— Sim! É claro que tive esta dúvida, mas Marta me deixou uma prova incontestável desse encontro.

— Uma prova material?

— Isto mesmo. Com o auxílio de Samuel, ela conseguiu deixar uma rosa sobre o meu travesseiro. Uma flor muito rara e especial, de uma roseira que marcou profundamente as nossas vidas, em épocas passadas. Esse foi o acontecimento que me fez repensar todos os meus conceitos sobre mágoa, rancor e vingança.

— Mas o senhor conseguiu perdoar? Conseguiu se livrar do ódio cultivado durante tanto tempo?

— Se eu lhe disser que foi uma tarefa fácil, estarei mentindo. Mas, foram-me apresentados motivos mais do que justos e convincentes para que eu compreendesse a razão das situações infelizes pelas quais passei. Somos seres muito antigos, meu filho, e bastante devedores! Não estamos vivendo a nossa primeira experiência na matéria. Então, temos antigos inimigos que, às vezes, nos cobram dívidas do passado. Eu poderia simplesmente negar a realidade, não acreditar, e continuar odiando, mas acabei me convencendo de que o melhor remédio para a minha doença era o perdão. Hoje, estou convencido de que não sou nenhum santo e que, com toda certeza, fiz por merecer o "castigo" que recebi.

Um pesado silêncio recaiu sobre os dois, enquanto refletiam sobre tudo aquilo.

Quem voltou a falar foi Renato:

— Então, o senhor acha que Maria está sofrendo deste mesmo mal...

— Pelo menos é o que minha intuição está me dizendo. Faça assim: converse com ela, tente fazê-la falar, exorcizar as suas dores... Acredito que este seja o melhor caminho para começar a ajudá-la.

— Está bem, seu Elias! Eu confio no senhor e nos Espíritos que o orientam. Vou fazer o que me pede.

— Faça! E, na hora certa, daremos sequência ao tratamento, à medida que chegarem mais orientações espirituais.

E, após se despedirem, Renato foi embora, deixando Elias abatido por causa das tristes lembranças que acabara rememorando e que, de certo modo, fizeram refluir nele aqueles amargos dissabores.

Capítulo 22

Novo encontro

"O arrependimento concorre para a melhoria do Espírito, mas ele tem que expiar o seu passado."

L.E – Questão 999

Na próxima sessão mediúnica realizada na Casa do Caminho, a entidade que se apresentara na reunião anterior voltou a se manifestar e, novamente, ficou repetindo a frase:

— Pequei, meu Deus! Pequei, meu Deus!...

Elias aproximou-se do médium que havia oferecido passividade ao Espírito e, por intermédio dele, cumprimentou o visitante:

— Seja bem-vindo, meu irmão!

A entidade silenciou e ficou perscrutando, através da visão mental do médium, tentando vislumbrar alguma coisa, mas parecia completamente cega, desorientada.

— Que lugar é este? – perguntou.

— É uma casa de oração! Você já esteve aqui uma vez, lembra-se?

— Acho que já ouvi a sua voz, antes.

— Sim, meu irmão! Nós já conversamos anteriormente. Eu lhe convidei para sair daquele lugar, que você insiste em chamar de inferno.

— Mas, não pode! Por que você insiste em fazer uma coisa que não pode ser feita?

— Meu irmão, tudo o que acontece com a gente é porque Deus permite. Se você está aqui, conversando comigo, é porque Ele permitiu e, se Ele permitiu, é porque pode!

— Mas você não entende que eu pequei contra Ele? Que estou pagando pelos crimes que cometi? Como é que Deus pode ser condescendente com um pecador ingrato como eu?

— Talvez você já tenha sofrido o suficiente.

— Impossível! A minha pena é eterna. É para sempre. Você não entende?

— Pois, então, eu devo lhe dizer que não existem penas eternas! Que tudo na vida tem o seu tempo determinado. Isto, tanto serve para as coisas boas, quanto para as ruins. Deus não pune ninguém eternamente, porque Ele quer a nossa evolução, e o sofrimento, por si só, não é instrumento evolutivo. É necessário vivenciar novas experiências, é preciso reparar os erros, e a única forma de fazê-lo é voltando ao convívio com os nossos semelhantes.

— Não! – sussurrou a entidade. – Não quero passar por novas experiências. Sou fraco demais para não voltar a cair em tentação, para não cometer novos delitos... Por favor, deixe-me no inferno! Eu prefiro ficar no inferno! – e começou a chorar, demonstrando um desequilíbrio que beirava à loucura.

Elias, com o auxílio de Samuel, envolveu-o com um passe magnético, procurando tranquilizá-lo:

— Calma, meu irmão! Conte-me o que você fez de tão pecaminoso assim.

— Fiz muitas coisas erradas, mas não gostaria de voltar a falar sobre isto, por favor! Eu já me condenei! Estou pagando pelos meus erros... Nada mais pode ser feito para revogar a pena que me foi imputada.

Sempre orientado pelo mentor espiritual, Elias perguntou ao Espírito assistido:

— Você levou em conta as atenuantes dos seus crimes, no momento em que se julgou?

A entidade silenciou, parecendo refletir. Depois, demonstrando certa curiosidade, perguntou:

— Atenuantes?

— Sim, atenuantes!

— O que é mesmo isto? Não me lembro do significado desta palavra.

— Atenuantes são as circunstâncias que tornam a consecução de um crime menos grave e, consequentemente, o criminoso menos culpado.

— Não! Ninguém me falou sobre isto.

— Talvez não quisessem que você soubesse.

— Mas, que diferença faz? O que importa é que eu estou condenado, e isto não pode ser mudado.

— Pode sim! Você não pode ser tão duro consigo mesmo, a ponto de não se conceder uma oportunidade, que Deus faz questão de lhe dar. Veja, meu irmão! Nós estamos aqui, conversando sobre a sua vida. Foi permitido que você utilizasse o aparelho físico de uma outra pessoa para se comunicar. Você não acha que a vontade de Deus está por trás de tudo isto?

— Não sei... Estou confuso...

— Então, comece a tentar entender, companheiro! Você acha que o Criador lhe concederia esta chance, se não houvesse merecimento?

A entidade permaneceu em silêncio, demonstrando que estava começando a compreender as palavras do orientador. Elias percebeu que o contato deveria se encerrar por ali e advertiu:

— Meu irmão! Reflita bastante sobre isto que conversamos. Pense com carinho na possibilidade de rever o seu julgamento. Não se esqueça de que é Deus que está lhe concedendo esta nova oportunidade. Não a desperdice. Vá em paz!

O dirigente da Casa do Caminho estava bem mais otimista ao final daquele trabalho, mas continuava, de certo modo, sentindo-se oprimido com aquela situação.

Ao longo dos anos em que estivera à frente daqueles trabalhos, ele havia convivido com muitos Espíritos sofredores; conhecera muitas histórias tristes e confusas; testemunhara muito desabafo de ódio, mágoa, ciúme, revolta; auxiliara no socorro de muitos Espíritos desajustados... Mas, aquele caso específico mexia profundamente com os próprios sentimentos, inserindo-o, sobremaneira no intricado submundo daquele assistido. E era isto que o deixava tão inquieto.

Capítulo 23

Ausência de fé

"O progresso moral e a inteligência são duas forças que só com o tempo chegam a equilibrar-se."

L.E – Questão 780b

Paralelamente ao trabalho de desobsessão que, nas últimas sessões, se voltava quase inteiramente para a entidade que se dizia no inferno, Elias estava bastante envolvido também com o conflito vivido por Renato e Maria. Estava tremendamente sensibilizado com o sofrimento do jovem casal.

Passou os dias apreensivo, esperando que o rapaz aparecesse na Casa do Caminho para informá-lo sobre as condições da esposa.

Renato apareceu num início de manhã, demonstrando que continuava bastante desanimado. Os dois se encaminharam para o pomar, onde se acomodaram novamente à sombra das jabuticabeiras e voltaram a falar do assunto.

— Acho que não está dando certo, seu Elias! O seu plano parece que não está funcionando.

— Mas, o que aconteceu, afinal?

— Há muita dificuldade em convencer Maria a falar do seu passado, a contar o que aconteceu a ela. Quer dizer, ela até andou fazendo uns comentários, mas coisas muito evasivas.

— Coisas sobre a sua revolta contra Deus?

— Sim! Na verdade, ela tem raiva do mundo. Lembra que eu lhe contei que ela ficou órfã muito cedo?

— Sim. Você disse que quando ela chegou à sua casa, havia acabado de perder os pais e estava acompanhada da avó.

— Exatamente! E era uma menina de apenas 10 anos de idade.

— Mas, o que aconteceu aos pais dela?

— Na verdade, ela ainda não entrou em maiores detalhes. Pelo que a avó contou naquela época, os dois teriam sofrido um acidente. Ao que parece, o sofrimento de Maria está mesmo relacionado à morte deles.

— Ela não contou como foi?

— Quando conversou comigo, ela estava sonolenta, sob o efeito de calmantes. Mas acho difícil que ela se abra inteiramente.

— Ora, Renato, você está sendo pessimista, meu filho! Eu acho que o que aconteceu já foi um grande avanço. Veja bem, ela começou a se abrir. Agora, é só uma questão de tempo. Continue tentando!

— Será?

— É claro que sim! Vá com calma, com tranquilidade... Demonstre-lhe bastante segurança, que ela vai acabar lhe contando tudo.

Renato voltou a se animar.

— É, pensando bem, acho que o senhor tem razão!

— Sim, eu tenho razão, sim! Faça como nós combinamos, está bem?

— Está bem, seu Elias! Deus o abençoe pela ajuda...

E Elias, repetindo as palavras de Samuel, disse apontando para o céu:

— Agradeçamos a Deus, meu filho! Ai de nós se não fosse por Ele! – comentou, sorrindo.

E, após conversarem um pouco mais sobre a enfermidade de Maria, Renato foi embora demonstrando renovado ânimo.

A partir daquele dia, o estado de saúde de Maria realmente pareceu ter melhorado um pouco. Elias estava certo mais uma vez. Renato sempre dava um jeito de manter o amigo informado sobre as condições de saúde dela. O dirigente da Casa do Caminho continuava orando pela saúde da esposa do rapaz, rogando o concurso das equipes espirituais para tratá-la.

No entanto, Maria continuava irredutível no que se referia a buscar tratamento espiritual. Ela insistia em afirmar que não acreditava em Deus e queria distância de qualquer casa religiosa.

Renato, aproveitando os momentos em que a esposa se apresentava mais lúcida, tentava convencê-la:

— Meu amor, deixe-me cuidar de você! Conheço pessoas que podem ajudá-la...

— Somente os médicos podem me ajudar, Renato! Se eles, com todos os estudos e com a inteligência que têm, não conseguem, é porque não há solução.

— Deus é a inteligência suprema, minha querida!

— Não me venha com essa conversa, Renato! Poupe-me desses comentários inúteis, por favor!

— Mas, meu amor...

— Mas, o quê? Prove-me que Deus existe! Mostre-me uma fotografia d'Ele! Algo concreto que prove a existência d'Ele...

— O Universo não lhe basta? Quer maior prova que a criação do Universo?

— Existem outras explicações mais convincentes para isso. A ciência explica tudo.

— Os cientistas podem explicar muita coisa, mas não conseguem explicar tudo, porque também eles estão subordinados ao poder de Deus.

— Não adianta, Renato! Você não vai me convencer sobre a existência de Deus... A menos que...

— A menos quê?

— A menos que admita que Ele é injusto, perverso e rancoroso.

— Não! Deus é todo justiça e bondade!

— Ah, é?! Então, por que permite que haja tanto sofrimento no mundo? Guerra, injustiças, orfandade, viuvez, violência de todo o tipo?...

— A violência não vem de Deus. Ela é gerada pelo homem. Deus não criou a violência nem a incentiva.

— Então por que a tolera?

— O que Ele faz é respeitar o livre-arbítrio das pessoas. Deus deixa o homem livre para seguir o seu curso evolutivo, naturalmente. Se o homem opta pela violência, Deus o permite porque sabe que também ela faz parte da natureza humana. Mas, não podemos deixar que a ação dos homens maus ofusque a ação dos homens de bem. Nem tudo no mundo é maldade.

— Tenho motivos de sobra para não aceitar a teoria do Deus soberanamente justo e bom que você insiste em defender, Renato.

Diante deste comentário, dito com profunda amargura, Renato percebeu que era o momento propício para colocar em prática o conselho de Elias. Envolveu a esposa num abraço caloroso e disse com voz branda:

— Então, por que não me fala sobre isto? Por que não se abre comigo? Você sabe o quanto eu a amo! Confie em mim! Nada do que você me fale irá arrefecer a força do meu amor.

E Renato disse isto com tanta sinceridade e emoção, fitando os olhos tristes da esposa, incutindo neles a força extraordinária da sua fé e do seu inquestionável amor, que Maria finalmente se deixou tocar.

De repente, foi como se uma correnteza formada de águas puras e refrescantes penetrasse em suas entranhas, promovendo um renovado alento em sua alma, purificando-a.

Maria correspondeu àquele olhar tão terno do marido com os olhos umedecidos; permitiu que duas lágrimas lhe escorressem pelo rosto e sussurrou:

— Oh, Renato! São lembranças muito dolorosas para mim...

Ele a abraçou, acolhendo-a carinhosamente em seu peito.

— Mas você precisa se livrar delas. Precisa exorcizá-las, meu amor!

Maria se aninhou no peito do marido e chorou bastante. Depois voltou a fitá-lo, com os olhos marejados e disse:

— Acho que você tem razão. Eu preciso desabafar, senão vou acabar enlouquecendo. Apenas me dê um pouco mais de tempo. Preciso me preparar melhor para exorcizar os meus fantasmas.

— Tudo bem! Tudo bem! – confortou-a Renato. – Quando estiver se sentindo melhor, você me conta tudo. Acalme-se, meu amor!

E a manteve enleada em seus braços, sentindo o coração oprimido pela tristeza de não conseguir proteger de forma mais eficaz a mulher que tanto amava.

Capítulo 24

Condenação do Julgador

"Aquele que, nesta vida, só tem o instinto do mal, terá noutra o do bem e é para isso que renasce muitas vezes."

L.E – Questão 993

No trabalho de desobsessão da semana seguinte, em vez da manifestação da entidade sofredora das sessões anteriores, para surpresa de Elias, quem se manifestou foi um outro Espírito, que demonstrava bastante irritação.

— Por que você insiste em me desafiar? – perguntou ele, dirigindo-se a Elias.

— Seja bem-vindo, meu irmão!

— Dispenso as suas boas-vindas. Vim aqui apenas para lhe intimar a deixar os meus detentos em paz – respondeu a entidade, com um tom de voz ameaçador.

— Detentos? Quer dizer que você é um carcereiro?

— Carcereiro? Você está zombando de mim? Está louco? Não consegue reconhecer um magistrado?

— Ah, um magistrado! – repetiu Elias, com bom humor.

— Pode me chamar de Julgador – disse a entidade, com petulância.

Nesse momento, Elias percebeu que aquele Espírito era o responsável pela condenação do outro, que se dizia no inferno.

— Então você é a pessoa responsável pelo julgamento dos réus?

— Apenas conduzo os trâmites.

— Como assim? Você não interfere no veredicto?

— Não. Quem se julga é o próprio acusado.

— E este julgamento é imparcial?

— O mais imparcial possível! Afinal, quem se condena ou se absolve é o próprio réu, como acabei de lhe dizer.

— E, alguma vez, alguém já se absolveu?

O Espírito silenciou, como se buscasse alguma lembrança. Segundos depois, deu uma gargalhada e disse com deboche:

— Engraçado, eu não havia pensado nisto! Até hoje, que eu me lembre, todos foram condenados!

E voltou a gargalhar.

— E você acha isto engraçado? Conhece a passagem evangélica da mulher adúltera? – perguntou Elias, com seriedade.

— Conheço os Evangelhos muito mais do que você possa imaginar! Ou você acha que está lidando com um leigo?

— Então, você conhece a célebre frase: "Quem não tiver pecado, atire a primeira pedra".

— Conheço, perfeitamente! E é justamente por isso, que cumpro a minha função com a consciência tranquila.

—Você quer dizer com isto que não possui pecados?

— Exatamente! Não possuo pecados...

—Tem certeza?

— É claro que tenho! – respondeu a entidade, com convicção.

Mas, ele mal acabou de falar isto e umas imagens começaram a tomar forma na mente de Elias. Ele viu um homem alto, lendo uns decretos condenatórios, onde mandava para a fogueira pessoas acusadas de crime de bruxaria. O dirigente da Casa do Caminho percebeu que estava diante de uma alta autoridade dos tempos da Inquisição.

Diante dessas informações, definiu o seu método de ação. Aproximou-se do médium ao qual a entidade se ligara e disse:

— Quer dizer que você se considera sem pecado.

— Exatamente, como lhe disse! – insistiu o Espírito um tanto arrogante. – Cometer pecados é coisa de gente inferior, subdesenvolvida.

— Neste caso, não haveria nenhum problema se consultássemos os arquivos da sua consciência, não é?

A entidade se inquietou.

— Não! Eu não preciso consultar a minha consciência! Eu me conheço o suficiente para saber que não tenho pecados.

Mas, quando disse estas palavras, o visitante já estava recebendo os primeiros flashes das imagens que Elias acabara de ver. O Espírito, que se dizia sem pecados, estava começando a ter a consciência despertada para a insanidade de suas ações, ocorridas num passado distante, mas ainda muito vivas dentro dele.

As pessoas, injustamente condenadas, eram conduzidas à fogueira e aquele Espírito, que ali se dizia juiz, era um dos grandes responsáveis por toda aquela barbárie. Um pesado silêncio recaiu sobre o ambiente, enquanto as imagens eram projetadas na tela mental do suposto magistrado.

De repente, por meio da voz do médium, a entidade começou a gritar:

— Parem! Parem! Eu não quero ver nada disso! Eu não tenho pecados! Eu não fiz isto! Seus bruxos miseráveis! Vocês deveriam ser mandados para a fogueira agora mesmo! Seus manipuladores de mentes! Miseráveis! Malditos!

Elias se aproximou do médium e tentou acalmar o Espírito.

— Meu irmão, todos nós somos pecadores! É por isto que continuamos habitando este mundo de provas e expiações. Quando superarmos as nossas fraquezas, seguiremos para esferas mais felizes. Por enquanto, precisamos resgatar os nossos crimes, mas, primeiramente, é necessário assumir os erros. Este é o primeiro passo para os que virão a seguir: o arrependimento, a expiação, a reparação e, finalmente, a libertação.

— Não! Eu não quero ver essas coisas! Vocês estão tentando me confundir com imagens falsas. Eu não sou um pecador! Não sou!

Mas o diálogo entre Elias e a entidade prosseguiu, enquanto os médiuns de sustentação emitiam sentimentos de amor fraterno e os Espíritos apaziguadores envolviam a entidade em tênues fluidos de luz.

— Ai! – gemeu o assistido, por fim, admitindo as suas fraquezas. – Então, eu também sou um pecador! Eu também fiz coisas erradas!

Elias procurou envolvê-lo com amor.

— Não se torture tanto, meu irmão! O pecado faz parte da natureza do homem que ainda não evoluiu o suficiente. E quem de nós é assim tão evoluído? Não estamos todos em processo de edificação moral? Não estamos todos no mesmo barco?

Mas a entidade parecia não ouvir mais nada, tamanha era a cobrança que começava a se desenvolver em sua consciência.

— Chega! Eu me condeno! Quero pagar pelos meus crimes... – repetia, agitando-se freneticamente.

O dirigente do trabalho tentava acalmá-la.

—Tudo bem, meu irmão! Mas não se condene a um sofrimento eterno, porque as penas eternas não existem...

De repente, demonstrando total desequilíbrio, o Espírito sentenciou:

— Quero ir! Deixe-me ir agora! Preciso pagar pelas coisas ruins que fiz... – E, promovendo um breve tremor no aparelho físico que o acolhera, a entidade se desligou do médium e abandonou o local.

O ambiente mergulhou num silêncio profundo. Elias perguntou mentalmente a Samuel sobre o destino do Julgador, e o Espírito explicou:

— Acontecerá a este infeliz irmão o mesmo que aconteceu aos Espíritos que ele induziu à condenação. Cumprirá a pena que for estabelecida por sua própria consciência e, futuramente, no momento propício, será resgatado para retomar o curso de sua existência, buscando a evolução moral, que é o objetivo final da criação de todos nós. Afinal, o próprio Cristo nos advertiu que nenhuma ovelha ficaria perdida, não é?

Elias foi para casa um pouco triste naquela noite, afinal, a entidade dos trabalhos anteriores não havia se manifestado e sua inquietação pareceu aumentar ainda mais. O dirigente da Casa do Caminho começou a se convencer de que havia um vínculo muito forte entre ele e o Espírito que se dizia aprisionado no inferno.

Capítulo 25

O delito de Maria

"Quanto aos atos da vida moral, esses emanam sempre do próprio homem que, por conseguinte, tem sempre a liberdade de escolher."

L.E – Questão 861

Naquela noite, assim que pegou no sono, Elias sentiu a presença de Samuel em seu quarto. A aparição do amigo espiritual o encheu de alegria.

— Que bom receber a sua visita! – exultou.

— Eu também me sinto feliz em poder vir – respondeu o Espírito.

— E por que você não vem sempre?

— Porque a vida do lado de cá é também cheia de atribuições, meu amigo! Não nos sobra muito tempo para visitas sociais – brincou Samuel.

— Será que é por isto que a Marta também nunca mais apareceu?

— Sim! Ela tem andado muito ocupada. Principalmente agora, que está se preparando para uma nova experiência na carne.

Elias ficou curioso:

— Quer dizer que ela vai reencarnar? Posso saber quando e onde?

— Infelizmente, não, meu amigo! Até porque eu também não detenho esta informação. Qualquer coisa que lhe dissesse, seria mera especulação.

Percebendo em Elias certo desapontamento, Samuel começou a rir.

— Ei! Onde está a sua fé em Deus, seu ciumento? Acha que, por acaso, Ele iria recompensar as boas ações que você vem realizando, com ingratidão?

Elias se recompôs, constrangido.

— Ora, mas que bobagem a minha! O senhor tem toda razão. Deus sabe o que faz, e a nós cabe, apenas, confiar e deixar que Ele decida o que é melhor, não é mesmo?

Samuel voltou a sorrir.

— Ah, agora, sim! Essas são as sábias palavras de um homem de fé!

Depois, assumindo um ar mais sério, disse:

— Vim aqui para tratar de um assunto que é de extrema importância.

— Eu imaginei que não poderia ser diferente, senhor Samuel. Do que se trata?

— É sobre a esposa do Renato.

— A Maria?

Sempre bem humorado, Samuel não perdeu a oportunidade de brincar:

— Que eu saiba, é a única que ele tem.

E a observação fez Elias rir.

— Mas, é claro! Que bobagem a minha...

Samuel voltou a ficar sério.

— O caso dela é bastante grave e precisará da sua intervenção.

— De que forma poderei ajudá-la? Segundo o Renato, ela se recusa a receber qualquer tipo de auxílio espiritual, e eu não conheço outra forma de ajudar, a não ser deste modo.

— Eu sei, Elias. Mas tem uma coisa que preciso lhe contar. Lembra-se de quando Marta lhe disse que, na noite infeliz em que ocorreu o assassinato da Camila, a babá da menina o auxiliou a invadir a casa do Getúlio?

Elias, novamente constrangido com aquela antiga lembrança, acenou a cabeça afirmativamente.

— Pois, bem! Essa mulher é atualmente a esposa do Renato.

— Meu Deus! – exclamou Elias, pego de surpresa.

— Sim! Ela não era necessariamente má, era uma pessoa de caráter fraco, que se deixou empolgar com a possibilidade de ganhar dinheiro fácil. Acabou envolvida naquela trama lamentável, sem considerar a possibilidade de um desfecho bem mais trágico que o previsto. Por isso, ao ver a menina morta, teve a experiência mais amarga da sua vida. Foi acometida de uma crise de consciência tão profunda, que acabou se suicidando algum tempo depois daquele acontecimento.

— Suicidou-se?

— Infelizmente, sim. A babá não conseguiu conviver com o fato de saber que a casa do patrão só fora invadida porque ela havia facilitado a ação do invasor. Diante disto, acabou se matando.

— De que modo?

— Simplesmente, deixou de se alimentar. Assim, foi definhando, definhando, até que se extinguiu, como a chama de uma vela que se derrete.

Elias estava arrasado. Cobriu o rosto com as mãos.

— Oh, meu Deus! Então, eu estou envolvido nisto também... E o Renato, ele teve alguma participação nessa história?

— De certo modo, sim. À época, ele era namorado da babá de Camila, mas era um pouco irresponsável e não levava o compromisso do namoro muito a sério. Quando a moça, que o amava muito, contou a ele sobre o macabro projeto, ele a incentivou, prometendo que se o assalto rendesse bons frutos, eles se casariam imediatamente. Mas, diante do fracasso que se seguiu, já que ela não quis receber nada, em função da morte da menina, Renato ficou inconformado e simplesmente a abandonou à própria sorte.

Samuel fez uma pausa para que Elias, que estava arrasado, se acalmasse um pouco. Depois prosseguiu:

— Renato ficou tão revoltado com a atitude da namorada, que, de certo modo, a incentivou a cometer o suicídio.

— Incentivou-a?

— Bom, a moça o amava tanto que, se ele quisesse, poderia fazê-la mudar de ideia. Mas, infelizmente, fez o contrário, deixando claro que sem o dinheiro do roubo, não haveria casamento algum. Isso fez com que acentuasse ainda mais nela o desejo de morrer.

— Meu Deus! Quantos erros cometidos juntos... – suspirou o dirigente da Casa do Caminho. – Como é que conseguimos nos equivocar tanto?

Samuel procurou acalmá-lo.

— Não se esqueça de que tudo isto faz parte do processo de evolução moral da Humanidade! Além disso, as leis divinas são perfeitas e nos dão sempre as oportunidades necessárias para quitarmos os nossos débitos! Principalmente quando estamos empenhados em nos melhorarmos. Veja só: agora, beneficiado pela lei da reencarnação, o Renato, mesmo submetido à lei do esquecimento, desdobra-se em cuidados para proteger a namorada suicida do passado. E você também terá a oportunidade de auxiliá-los, no momento em que conseguir se aproximar dela.

— São os nossos reencontros com o pretérito...

— Exatamente, Elias! Mas, infelizmente, esses reencontros nem sempre são positivos. Nós sabemos que toda ação infeliz conta sempre com o concurso de Espíritos inferiores, e que o suicídio é, na maioria das vezes, fruto do assédio dessas entidades maldosas sobre as pessoas que se encontram moral e espiritualmente enfraquecidas.

— Sim, naturalmente.

— Ocorre que um suicida, em sua próxima encarnação, se não se cuidar, poderá ser muito assediado para que volte a cometer o mesmo deslize praticado na existência anterior.

— Sim, eu sei! E os obsessores podem fazer isto por pura maldade, ou até mesmo por diversão.

— Exatamente! Os Espíritos atrasados se comprazem em atrapalhar a jornada daqueles que buscam a elevação moral. E o que está acontecendo a Maria é muito grave, porque ela está hoje na mesma faixa etária que possuía quando se matou na encarnação passada. Aproveitando-se da sua falta de fé, angariada por força de decepções experimentadas nesta vida, ela é uma presa muito fácil nas mãos desses obsessores. Na verdade, sua situação só não está pior, porque o amor do marido, que se tornou nesta encarnação uma pessoa comprometida com o bem e extremamente vigilante, de algum modo, a tem protegido.

— Quer dizer, então, que Maria está sendo assediada por obsessores, para que volte a cometer suicídio?

— Infelizmente, este é o objetivo das entidades inferiores que a assediam e que podem lograr sucesso, se não houver uma séria intervenção neste processo.

— O que o senhor me sugere fazer?

— Ora, Elias! Onde está a sua capacidade de iniciativa? – ponderou Samuel, sem perder o ar sereno. – Não posso tirar o mérito das suas ações, dizendolhe sempre o que fazer, meu filho! Além disso, não é pelo fato de estar desencarnado que eu me tornei um sabe-tudo. Também tenho as minhas dúvidas, as minhas inseguranças e limitações.

Elias acenou a cabeça, constrangido. As palavras de Samuel eram muito coerentes.

— O que posso lhe dizer é que você deve confiar na sua intuição e no amparo da espiritualidade, que está sempre empenhada em nos ajudar nas causas do bem – prosseguiu o Espírito. – Faça a sua parte! Aja com amor e continue se libertando das amarras do passado, destruindo o homem velho e permitindo em você o nascimento do homem novo, comprometido tão somente com o amor, a justiça e a caridade!

E, assim dizendo, a aparição foi se desintegrando lentamente e deixou o quarto novamente mergulhado em penumbra e silêncio.

Naquela noite, Elias não conseguiu conciliar o sono com a imensa inquietação que aquelas novas informações provocaram em sua alma. Renato e Maria também estavam, de certo modo, ligados às desventuras do seu passado.

Os dias seguintes foram bastante difíceis para o dirigente da Casa do Caminho. Por mais que pensasse, não conseguia imaginar uma forma de agir. Renato também andava sumido e ele foi ficando cada vez mais preocupado com aquela história.

O tempo passou célere, e o dia da sessão mediúnica no Centro Espírita chegou rapidamente, sem que Elias tivesse conseguido tomar qualquer providência com relação aos problemas do casal, a não ser fazer muitas vibrações de paz, proteção e harmonia para os dois.

Capítulo 26

Novo julgamento

"É preciso abrir e não fechar ao criminoso a porta do arrependimento."

L.E – Questão 761

No transcorrer dessa nova sessão, o Espírito que estivera aprisionado no calabouço voltou a se apresentar, mas agora o clima já não andava tão tenso. O ambiente desta vez já não foi tomado por trevas, mas por uma suave e delicada penumbra.

Elias deduziu que essas mudanças haviam acontecido em decorrência do afastamento da entidade que se dizia juiz dos pecadores, e que ali fora esclarecida no trabalho anterior. Sem a influência negativa desse Espírito, aqueles que se encontravam aprisionados no suposto inferno começavam a se libertar das correntes mentais que os vinham subjugando há tanto tempo.

Agora, o Espírito que vinha sendo atendido há algumas sessões já não se colocava como se estivesse acorrentado à parede, e a voz do médium soava com mais tranquilidade.

— Seja bem-vindo, em nome de Jesus! – cumprimentou-o Elias, assim que ocorreu a ligação entre Espírito e médium.

— Obrigado, meu irmão! Se quiser, pode me chamar pelo meu nome. Acabei de me lembrar dele.

— Que bom! E qual é o seu nome?

— Getúlio... Meu nome é Getúlio e eu tinha uma fazenda onde cultivava café.

Ao ouvir isto, Elias levou um enorme susto. Ficou estupefato, sem saber que atitude tomar. Estava finalmente explicada a ligação que havia entre ele e aquele Espírito. Era Getúlio! O homem que desgraçara a sua vida. Que o atirara na cadeia, separando-o da família, provocando a morte da sua esposa e o desaparecimento da sua filha.

— Que provação, meu Deus! – disse para si mesmo, enquanto recebia um abraço confortador de Samuel, que demonstrou já estar prevenido para o intempestivo momento daquela revelação.

Recebendo as energias benéficas do Espírito amigo, Elias conseguiu, com certo esforço, manter-se em equilíbrio. Lembrou-se das palavras de Marta, advertindo-o de que os fatos ocorridos se referiam a expiações de más ações praticadas por ele no passado. Lembrou-se da menina que ele havia assassinado, legando um sofrimento indescritível ao seu pai. Pensou nas inúmeras leis que regem o Universo e na grandeza de Deus que não nos cobra nada além daquilo que realmente devemos.

Pensou, por fim, no sofrimento incalculável que aquele pobre miserável enfrentara no inferno a que se condenara viver nos últimos anos. Elias pensou na sua imensa responsabilidade. Ele estava ali para auxiliar e não para cobrar. Era um trabalhador devotado à doutrina do Cristo e era deste modo que deveria agir.

Respirou fundo e emitiu uma prece a Deus, solicitando amparo para cumprir a contento aquela difícil missão. Depois, retomou o diálogo com o Espírito, sem demonstrar a tormenta interior que naquele momento recaía sobre ele.

— E então, senhor Getúlio, o senhor andou pensando sobre o que conversamos da outra vez?

— Não fiz outra coisa durante esse período – respondeu a entidade.

— Está disposto a refazer o julgamento dos seus atos?

— Não sei! Tenho dúvida se vou conseguir...

— Não se esqueça de que, desta vez, levaremos em conta as atenuantes dos seus supostos crimes.

Getúlio permaneceu calado por algum tempo, até que decidiu:

— Está bem! Se você acha que é tão importante.

E as antigas imagens sobre o passado daquele Espírito voltaram-lhe à mente. Viu-se na infância, com os irmãos menores e a mãe. Pareciam felizes. De repente, a imagem do homem com quem ele lutara e esfaqueara apareceu em cena, mas antes do confronto entre os dois, Getúlio viu aquele homem, que era o seu pai, espancando impiedosamente os seus irmãos e a sua mãe. Seu genitor era extremamente agressivo e, excitado pelo uso de bebidas alcoólicas, tornava-se um verdadeiro animal selvagem. Surrava os filhos e a esposa até o ponto de provocar desmaios, profundos hematomas e graves fraturas nas crianças menores.

Getúlio era o filho mais velho e se sentia na obrigação de defender os irmãos menores da brutalidade do pai alcoólatra. Depois de frustradas tentativas para convencê-lo a mudar de atitude, acabou se confrontando com ele, na luta em que, para defender a própria vida, terminou por esfaqueá-lo.

No julgamento anterior, não haviam sido levados em consideração a sua legítima defesa nem um outro detalhe ainda mais importante: o pai de Getúlio não havia morrido coisa alguma. O rapaz, por orientação da mãe, que temia vê-lo preso, acabou fugindo de casa naquele mesmo dia e nunca mais voltou a ter notícias dos familiares, pois simplesmente caiu no mundo.

Ele nunca soube do desfecho daquela história, mas a verdade é que, depois do ocorrido, seu pai passou por tratamento num hospital, recuperou a saúde e abandonou o vício. Demonstrando certo arrependimento, deixou de ser agressivo, tornando-se uma pessoa bastante responsável e amistosa.

Getúlio assistia a essas cenas e chorava de emoção. Essas informações haviam sido negadas a ele, no primeiro julgamento.

Depois, quando vieram as cenas do crime cometido na delegacia, Getúlio viu os policiais combinando de colocarem os dois prisioneiros juntos, com o objetivo de se divertirem vendo-os lutarem e apostando dinheiro no resultado do confronto.

Também naquele caso fora omitido do acusado o fato de o prisioneiro não ter morrido. Após a agressão, o homem foi levado para um hospital e, não só ficou completamente curado, como continuou sendo uma pessoa tremendamente agressiva e, ao longo da vida, protagonizou muitas situações semelhantes àquela.

Getúlio havia se condenado por dois crimes de homicídio que, na verdade, não haviam se configurado. E as cenas continuaram sendo exibidas, mostrando agora as atenuantes que circunstanciavam cada atitude.

Foram mostradas também cenas positivas, como ações de caridade promovidas por Getúlio. Ele havia se esquecido completamente, mas em vários momentos de sua vida, agira com generosidade, socorrendo empregados e amigos em momentos de necessidade.

Ao final dessas projeções, o Espírito estava bem mais aliviado e chorava de emoção.

— Obrigado, por me mostrar tudo isto! – comentou, emocionado.

— Agradeçamos a Deus! – respondeu Elias.

— Mas ainda está faltando… – disse ele.

— Eu sei! Falta o crime cometido contra o casal de colonos da sua fazenda, não é mesmo?

Getúlio se recolheu, constrangido.

— Como é que você sabe disso?

E Elias procurou sossegá-lo.

— Façamos assim: antes de mais nada, vamos pedir aos amigos espirituais que nos mostrem as cenas anteriores a tudo isto.

— Cenas anteriores? Que cenas são essas?

— A vida é regida por diversas leis – respondeu Elias. — Uma delas é a lei de causa e efeito. Segundo ela, toda ação provoca uma reação que, cedo ou tarde, alcançará o seu autor.

— Quer dizer que...

— Quer dizer que o papel de vítima e algoz, muitas vezes apenas se alternam. Quer dizer que a vítima de hoje pode muito bem ter sido o vilão em outra existência! É claro que nós sempre podemos optar por não cobrarmos a dívida por nossa própria conta. Mas, muitas vezes, acabamos nos tornando cobradores daqueles que nos devem.

— Mas, mesmo que no passado eu tenha sido vítima daquelas pessoas, eu não me sinto isento de culpa...

— Não! Nenhuma justificativa isenta de culpa um criminoso. A lei do olho-por-olho já deveria ter sido abolida há muito tempo, segundo a doutrina de amor que nos trouxe Jesus. Eu não estou dizendo que você seja inocente, estou dizendo que havia razões anteriores que o induziram a praticar aquela maldade e que essas informações lhe foram negadas durante o seu julgamento.

— Não estou entendendo muito bem. Minha mente está ainda bastante confusa...

— Então, prestemos atenção às cenas que serão projetadas, a seguir, em nossas mentes. Observemos!

Capítulo 27

Revelações do passado

"E Jesus não vos ensinou a pedir a Deus que vos perdoe as ofensas como houverdes vós mesmos perdoado?"

L.E – Questão 764

E foi então que aquelas reminiscências muito antigas começaram a ser projetadas na tela mental de Getúlio. Mas não foi apenas ele que as viu. Elias também voltou a reviver aqueles momentos angustiantes do passado.

Nas cenas expostas, os dois tinham aparências físicas diferentes da atual, mas sabiam que eram aquelas mesmas pessoas. Getúlio era um homem financeiramente abastado e vivia numa grande cidade. Ele exercia um importante cargo público e, embora fosse respeitado em função de sua condição social e financeira, não era nada honesto e grande parte da sua fortuna havia sido adquirida de forma ilícita.

Getúlio era viúvo e morava na companhia da sua única filha, Camila, a quem devotava amor imenso. Órfã de mãe desde os 2 anos de idade, a menina era extremamente apegada a ele e o cobria de carinhos.

Elias morava na mesma cidade, mas num bairro pobre da periferia e era um sujeito muito revoltado com a sua precária situação financeira. Era casado com uma mulher ambiciosa que se aproveitava do caráter fraco do marido para incentivá-lo a cometer furtos, que eram a fonte de renda do casal.

Na noite em que teve a casa invadida por Elias, Getúlio, completamente indefeso, não ofereceu nenhuma resistência, entregando ao invasor uma grande quantia em dinheiro e joias. Mas, quando Elias estava deixando a casa, surgiu a pequena Camila, que havia acordado sobressaltada e se encaminhava para o quarto do pai. Deparando-se com aquele homem estranho e ameaçador, ela ficou muito assustada e começou a gritar.

Imediatamente, sem muita noção do que estava fazendo, Elias atirou na filha de Getúlio e fugiu do local, deixando atrás de si um pai desesperado, pranteando a pequena criança, que não resistiu ao ferimento provocado pelo projétil e desencarnou em seus braços.

Getúlio, que assistiu a tudo com o coração sobressaltado, lembrou-se daqueles acontecimentos e foi acometido de imensa saudade da filha. Desesperado, começou a chorar convulsivamente!

— Meu Deus! É a Camila, o meu anjinho querido! Como pude me esquecer dela, por tanto tempo?

A experiência que Elias vivenciou naquele momento foi a mais angustiante de toda a sua vida. Ao mesmo tempo em que se via como um assassino cruel, era a pessoa encarregada de consolar uma das maiores vítimas da sua insanidade. E essa vítima da sua maldade era a mesma que o vitimara em situação mais recente, despertando nele a mágoa profunda que o acompanhara por tantos anos.

— Que loucura, meu Deus! – dizia Elias para si mesmo, enquanto, sempre amparado por Samuel, tentava administrar os próprios sentimentos.

O dirigente do trabalho precisou fazer um esforço sobre-humano para conseguir manter um diálogo coerente com aquele Espírito sofredor, que precisava de amparo e esclarecimentos.

— Você não se lembrou dela, porque seu quadro mental não o permitia, meu irmão! Lembre-se de que você estava no inferno e, embora Camila continue lhe amando muito, ela habita numa morada imensamente melhor – respondeu, por fim, à pergunta feita por Getúlio.

— Minha filha! Minha filhinha! – gemia o Espírito socorrido, numa atitude semelhante a de quem tem reaberta uma antiga ferida.

Elias continuava se esforçando para manter o diálogo e pediu à equipe de trabalhadores que intensificasse as vibrações de amor e compaixão para com aquele infeliz companheiro.

— Tenha certeza de que a Camila nunca deixou de orar pelo seu restabelecimento, e nunca deixou de lhe amar!

— Por que vocês estão me mostrando essas coisas, meu Deus!? Começo a achar que talvez fosse melhor ter permanecido no inferno.

— Não diga isto, meu irmão! As coisas que você está vendo estão diretamente ligadas aos acontecimentos ocorridos na fazenda de café que você possuía. É importante que você saiba de tudo.

— Como assim? Não estou entendendo nada...

— O homem que você acusou de roubo e tentativa de assassinato é o mesmo que, no passado, invadiu a sua casa e assassinou a sua filha. Ele cumpriu uma longa pena nesta vida, porque, na verdade, havia pedido para pagar pelo crime cometido naquela época, e do qual acabou ficando impune.

— Como você pode saber de tudo isto?

Então, Elias, tomado de profunda emoção, aproximou-se do médium por meio do qual Getúlio se manifestava e pediu:

— Olhe para mim, meu irmão. Concentre-se e veja quem sou eu.

O Espírito parecia querer fitá-lo, mas não conseguia.

— Não dá! Eu não consigo ver nada.

— Continue tentando, por favor! Peçamos ajuda a Deus... É importante que você veja quem sou eu.

O Espírito continuou concentrado, até que disse com voz de espanto:

— Elias! É você que está aqui?

— Sim, sou eu mesmo! E quero pedir perdão pela maldade que lhe fiz.

— Como pode ser? O que houve com você, afinal?

— Cumpri pena, meu irmão. Enquanto estive preso, Marta morreu e minha filha desapareceu. Nunca mais voltei a vê-las.

— Então, você deve me odiar...

— Já odiei muito, mas hoje eu sei o motivo pelo qual tive de passar por tudo isto. O Espiritismo abriu minha mente para a compreensão das leis universais, principalmente para a lei de causa e efeito, que determina que sempre teremos de colher o fruto da plantação que fizermos.

— Não! Deve ser um engano! Estas coisas não estão acontecendo de verdade! Não é possível... – sussurrou Getúlio, demonstrando certo desequilíbrio.

Com o auxílio de Samuel, Elias envolveu Getúlio em fluidos calmantes e perguntou:

— Consegue compreender melhor agora, sobre as coisas que estão acontecendo a você?

Getúlio se acalmou um pouco e disse com um tom de voz mais brando:

— Então, foi você que me assaltou e matou a minha menininha?

— Infelizmente, sim! E tudo o que eu posso fazer agora é pedir a você que me perdoe. Estou muito arrependido do que fiz!

— E foi por isto que eu destruí a sua vida?

— Sim, isto mesmo!

— Mas, como pode ser? Eu não me lembrava dessas coisas.

— Não se lembrava, mas instintivamente sabia que eu o havia prejudicado no passado. No íntimo, sabia que eu era um inimigo seu.

— É verdade. Eu nunca consegui gostar de você. Desde o primeiro momento em que o vi, senti uma antipatia muito grande.

— Eu sei! A lei da reencarnação explica tudo isto. Precisamos colher o fruto daquilo que semeamos. Precisamos nos reencontrar com as pessoas às quais prejudicamos para quitarmos os nossos débitos. Assim é a vida, meu irmão! Assim é que o homem segue em sua lenta jornada evolutiva: errando e pagando, por meio do sofrimento, a cada deslize cometido. Mas é também assim que vamos aprendendo, crescendo, fortalecendo-nos... Compreende o que eu digo?

— Sim. Começo a compreender um pouco. Mas, embora tenha sido uma vítima sua, naquela encarnação, eu poderia ter deixado de cobrar essa dívida. Poderia ter deixado esse ajuste nas mãos de Deus.

— Se tivesse relevado a antipatia que nutria por mim e não tivesse cobrado o que eu lhe devia, você não teria se aplicado uma pena tão severa depois de desencarnado. Não teria sofrido tudo o que sofreu. Entende agora por que é que Jesus falou para darmos a outra face? Para perdoarmos o inimigo?

— Sim. Agora as coisas começam a ficar mais claras para mim.

— Você aceita o meu pedido de perdão?

— Não só aceito, como também imploro pelo seu perdão.

— Você está perdoado, meu irmão! Que Deus nos abençoe e nos fortaleça sempre, em nossas futuras jornadas.

Getúlio e Elias, extremamente emocionados, choravam sem parar.

— Graças ao Pai, foi permitido esse resgate. Agora você será socorrido e, com toda certeza, este aprendizado será muito útil em nossas futuras experiências encarnatórias – disse o dirigente do trabalho, enxugando os olhos.

— Mas, eu ainda não percebo qualquer mudança em minha situação. Tudo continua me parecendo muito confuso. Continuo me sentindo na escuridão. Ainda ouço o choro dos meus companheiros de sofrimento...

— Façamos uma prece, meu irmão! Procure elevar o seu pensamento. Tente se desvencilhar deste ambiente hostil; busque mentalizar imagens mais positivas. Procure a luz. Concentre-se na paz, na esperança, no amor de Deus!

— Amor! Há quanto tempo eu não ouvia esta palavra!

— Amor é o mais sublime sentimento que podemos desenvolver em nós. É o que nos une verdadeiramente ao Criador. É a centelha de Deus presente em nós.

E Elias iniciou uma sentida prece:

— Ó, Pai celestial! Amparai-nos em nossas dores e necessidades. Cobri-nos de luz e de esperança. Dai-nos o discernimento necessário à nossa compreensão...

— Oh! Estou vendo uma réstia de luz! A escuridão está se dissipando... – choramingou Getúlio.

O dirigente do trabalho agradeceu, feliz:

— Obrigado, Senhor! Muito obrigado!

— Vejo umas pessoas se aproximando... Quem são elas?

— São os irmãos da luz! Trabalhadores do bem, que vieram lhe resgatar. Aliás, não só a você, mas a todos esses companheiros sofredores que, assim como você, acreditaram no inferno e se condenaram ao padecimento eterno.

— Resgate... Mas, eu fiz por merecer?

— Fez, sim, meu irmão! Você se regenerou pelo perdão que concedeu e que conquistou. Está livre para seguir o seu caminho, em busca de novas experiências, onde poderá galgar novos degraus em sua elevação moral. Consegue reconhecer alguém, neste grupo que vem resgatá-lo?

— Não! Não conheço essas pessoas.

— Preste atenção! Olhe direito!

Após um breve silêncio, Getúlio exclamou:

— Oh, meu Deus! Não pode ser! É Camila que está vindo à frente daquelas pessoas. Ela está vindo em minha direção, de braços abertos. Traz um buquê de flores brancas... Está linda, a minha filhinha querida!

E Getúlio voltou a chorar de emoção. A última frase que pronunciou antes de ser resgatado pelos trabalhadores do bem foi:

— Oh, como eu a amo, minha filha! Obrigado, meu Deus, por ter deixado minha menininha vir me buscar! Obrigado, Senhor! Muito obrigado!

E quando o ambiente voltou a mergulhar no silêncio habitual, toda a equipe mediúnica se encontrava chorando, movida pela forte emoção que a todos envolveu naquela noite inesquecível.

Capítulo 28

Redescobrindo a alegria

"Aí é que se encontra a verdade desta sentença: 'A cada um segundo as suas obras'."

L.E – Questão 1009

Quando acordou, no dia seguinte, Elias se sentia plenamente renovado. Agora estava bastante claro para ele o significado das palavras de Marta, quando o orientou, dizendo que ele deveria se preparar para uma importante missão. Compreendeu que sua missão era trabalhar para o resgate de Espíritos sofredores, chafurdados no aniquilamento moral, e que este trabalho acabaria servindo para que também ele pudesse se libertar daquele sentimento tão negativo, cultivado na própria alma, durante tanto tempo.

Compreendeu que aquela foi a grande oportunidade oferecida para que ele e Getúlio pudessem se reconciliar, libertando-se, ambos, do pesado fardo que a mágoa e o remorso lhes incrustara na alma. Por isso, estava tão feliz e tão agradecido a Deus pela oportunidade que lhe fora concedida.

Por outro lado, preocupava-o o fato de saber que outro Espírito, ligado às suas más ações do passado, precisava do seu auxílio e que, até aquele momento, ele não havia tomado nenhuma medida a respeito daquela situação.

Sentado solitariamente à mesa da cozinha, fazendo o seu desjejum, pensava firmemente em Maria, numa maneira de se aproximar dela, afinal, ele nem a conhecia. Preocupava-se com a ausência de Renato, que ultimamente o vinha visitando com regularidade, mas que, de repente, deixara de aparecer.

E foi justamente em meio a esses pensamentos, que Elias ouviu o barulho da caminhonete do rapaz estacionar em seu quintal. Logo a seguir, Renato invadiu sua residência com um semblante tão desassossegado, que deixou o dirigente da Casa do Caminho ainda mais apreensivo.

— Seu Elias, o senhor precisa vir comigo, agora, por favor! – disse o rapaz, demonstrando grande ansiedade.

Elias saltou da cadeira, assustado, pensando no pior.

— O que houve, meu filho? Algum problema com sua esposa? – perguntou com voz trêmula.

— Sim, a questão é com ela mesma. Preciso que o senhor venha até a nossa casa, agora, se for possível.

— Mas, não dá para adiantar o assunto? É algo assim tão urgente?

— Se o senhor não se importar, prefiro lhe contar tudo durante a viagem, para não perdermos mais tempo.

Os dois saíram correndo e embarcaram na caminhonete que disparou em alta velocidade. Mas, contrariando o que disse, Renato não contou quase nada, limitando-se a dizer apenas o seguinte:

— Lembra-se de que o senhor me incentivou a fazer Maria falar sobre os seus traumas?

— Claro que me lembro! O que houve? Ela contou alguma coisa importante?

Renato o olhou, visivelmente emocionado.

— Falou, sim! Há alguns dias vinha ameaçando se abrir, mas somente nesta madrugada, como ela estivesse com insônia, conseguimos conversar com mais tranquilidade e ela me contou tudo.

— Tudo? Tudo o quê?

— O senhor saberá na hora certa. Desculpe-me, seu Elias, mas é que eu não quero contar ainda. Mas posso lhe adiantar que ela está se sentindo bem melhor depois que conversamos.

— Mas, se ela está melhor, então por que esta aflição toda? Esta urgência em me levar à sua casa?

— É que, se o que estou pensando, for verdade...

Elias ficou olhando para ele, ansioso, esperando que continuasse, mas Renato não conseguiu ou não quis terminar a frase.

— Vamos fazer assim, seu Elias: quando chegarmos lá, o senhor saberá de tudo, está bem?

Elias custou a conter sua curiosidade, mas alguma coisa naquele momento o inspirava a ter paciência. Então, decidiu não insistir em saber do que se tratava. O importante, pensou, era saber que Maria estava bem.

Estavam ainda nas primeiras horas de um dia ensolarado de primavera, e a estrada que levava ao sítio de Renato era muito bonita, entremeada de verdes campinas e de árvores frondosas, em meio das quais brotava o cântico estridente de variados espécimes de passarinhos. Mas, Elias estava apreensivo demais para prestar atenção às belezas que a paisagem oferecia aos seus olhos e ouvidos.

Após quase três horas de viagem, chegaram à residência; uma linda casa branca, com janelas azuis, ornamentada de caramanchões e cercada por um gramado bem cuidado, entremeado de árvores frutíferas.

Logo, Renato estacionou o veículo próximo à varanda da casa e praticamente arrastou Elias para o seu interior, causando estranheza nas empregadas, que os olhavam assustadas. Mas, quando chegaram no corredor que conduzia ao quarto do casal, o convidado estacou.

— Um momento, Renato! Eu sei que esta é a sua casa e que é a sua esposa que está ocupando o quarto de vocês, mas não acho justo ir entrando assim, sem cerimônias...

Só então Renato percebeu que, por força da sua empolgação, talvez estivesse mesmo exagerando e acabou concordando.

— Está bem, seu Elias. Aguarde aqui no corredor, e eu vou avisar Maria que tem uma visita para ela.

— Mas, ela não vai recusar a me receber? Você não disse que ela não gosta de religiosos?

— Talvez ela deixe de pensar desse modo, seu Elias... Talvez a sua visita seja justamente do que ela precisa para mudar a sua maneira de encarar as coisas.

— Meu rapaz, eu não sei onde você pretende chegar, mas a minha cabeça está ficando confusa.

Renato o encarou com brandura, apoiou a mão no ombro dele e perguntou:

— O senhor confia em mim?

— Claro! – respondeu Elias com determinação.

— Então me deixa conduzir a situação, está bem?

Elias fez um gesto de concordância.

— Está bem! Mas, veja lá o que vai fazer, hein?

E Renato, emitindo um sorriso tranquilizador, entrou no quarto.

Enquanto esperava, Elias se sentou numa poltrona que ficava no corredor. Não sabia por quê, mas estava se sentindo muito emocionado. Estranhamente, sentia as pernas trêmulas e suas mãos suavam de um modo esquisito.

De repente, ouviu a voz fraca de Maria, perguntando a Renato o que estava acontecendo.

— Parece que ouvi a voz de um homem – disse ela.

— É um grande amigo – respondeu o rapaz. – Uma pessoa que veio visitar você.

— Não estou em condições de receber visitas, meu amor! Olhe só o meu estado...

— Maria, confie em mim! Ele é uma pessoa de bem e não vai reparar em nada. Faça isto por mim. Receba-o, por favor!

— Está bem! – sussurrou a moça. – Apenas me dê um minuto para arrumar os cabelos.

Pouco tempo depois, Renato assomou à porta e fez sinal para que Elias entrasse. O homem se levantou e caminhou lentamente em direção ao aposento, em cujo interior reinava uma suave penumbra. Maria estava enleada nuns lençóis muito brancos, recostada à cabeceira da cama.

Elias foi se aproximando bem devagar e, ao se deparar com aquele sorriso tão belo e triste, estampado no rosto pálido daquela moça, sentiu o coração pulsar mais forte. Aqueles olhos verdes, os cabelos castanhos, cacheados... Tudo nela fazia lembrar a pessoa mais importante da sua vida. Maria era uma cópia perfeita de Marta e, se não fosse pelo longo tempo que havia se passado, ele seria capaz de jurar que era a própria Marta que ali estava.

Suas pernas, que já se encontravam estranhamente trêmulas, fraquejaram de vez e ele quase desabou de emoção. Quis dizer muitas coisas, fazer mil perguntas, mas a voz não o obedecia. Então, sem conseguir segurar a forte emoção daquele inimaginável momento, Elias caiu de joelhos, para espanto de Maria.

Renato, emudecido, acompanhava o desenrolar dos fatos, com um sorriso contemplativo nos lábios e a certeza de que fizera a coisa certa. Não havia mais dúvida alguma. Maria era a filha querida que Elias perdera no passado e o dirigente da Casa do Caminho era o genitor tão amado, cuja ausência sua esposa pranteara por tanto tempo.

— Maria Helena... Heleninha... – murmurou Elias, com a voz completamente embargada pelo pranto que ameaçava explodir. – Como não deduzi antes que era você, minha filha?!

Maria o olhou entre assustada e surpresa.

— O senhor me conhece de onde? Quem é o senhor, afinal?

Elias não pôde mais resistir e começou a chorar copiosamente.

— Eu sou o seu pai, minha filha! Já se passou muito tempo... Estou velho e judiado pelo sofrimento, mas sou Elias, o pai que sempre lhe amou e que as adversidades da vida cuidaram de separar de você!

Maria ficou petrificada por uns instantes. Depois, lançou para o marido um olhar inquisidor. Renato, extremamente emocionado, fez um gesto afirmativo com a cabeça.

— É o seu pai, Maria! A história que você me contou nesta madrugada é exatamente a mesma que ele me relatou, dias atrás.

Incrédula, Maria alternava o seu olhar entre o esposo e aquele homem que ali estava, ajoelhado diante dela, chorando convulsivamente.

— Mas, meu pai está morto! Ele se matou na prisão...

Renato aproximou-se e acariciou o cabelo dela.

— Não, minha querida! Ele tentou se matar, mas, graças a Deus, não conseguiu. Olhe bem para ele, Maria! Não reconhece os seus traços? Não há nada nele que lembre o paizinho que você viu se afastar no carro da polícia, enquanto chorava no colo da sua mãe, à margem da estrada?

Maria voltou a olhar para ele. Queria acreditar, mas tinha medo. Elias a olhava com os olhos encharcados. Queria muito receber nos braços a sua Heleninha. Mas a moça continuava vacilante.

Então, uma súbita inspiração o invadiu. Ele olhou bem nos olhos dela e perguntou:

— Lembra-se da Ternura? A roseira especial que sua mãe batizou com este nome? Lembra-se do modo como ela disse naquela tarde: "A partir de hoje, essa roseira nos dará muitas e muitas e muitas pétalas de Ternura"?

Maria deu um grito de emoção e, finalmente, permitiu que lhe saltassem dos olhos as lágrimas que vinham insistindo em aflorar. Um pranto que jorrava do mais íntimo de sua alma e que lavava muitos anos de sofrimento e de revolta.

— Papai!

Saltou da cama e envolveu Elias num caloroso abraço.

— Meu paizinho! Meu paizinho querido! – sussurrava, enquanto beijava-lhe a face, misturando suas lágrimas às dele.

E Elias, sentindo o peito intumescido pela emoção, retribuía ao carinho da filha, exclamando:

— Estou aqui, filha! Obrigado, meu Deus! Obrigado por me entregar de volta a minha filha querida!

Assistindo a tudo, completamente paralisado, Renato também chorava e agradecia a Deus por aquele inesperado momento de felicidade em sua vida.

Capítulo 29

Amargas lembranças

"O castigo é o aguilhão que estimula a alma, pela amargura, a se dobrar sobre si mesma e a buscar o porto de salvação."

L.E – Questão 1009

Naquela maravilhosa manhã de primavera, pai e filha não conseguiam se desgrudar. Maria tinha a impressão de que um sol interior voltava a aquecer inteiramente a sua alma, e Elias sentia a vida renascer dentro de si, depois de tantos anos de aflição e de incertezas.

Eles tinham muito assunto para conversar, e Renato, que precisava sair para cuidar dos afazeres do sítio, sugeriu que os dois fossem passear pelas redondezas.

Pai e filha acolheram a sugestão com muito agrado e, abraçados, caminharam até a margem de um lago de águas transparentes, onde algumas garças se banhavam com graciosidade.

Ali, sentaram-se à sombra do arvoredo, sobre a grama macia e acolhedora. Com a cabeça recostada ao ombro do genitor, Maria começou a contar a ele a sua triste história, desde que fora afastada do convívio familiar.

— Depois que o senhor foi preso – disse ela, com a voz embargada pelas tristes lembranças –, eu e mamãe fomos acolhidas na casinha pobre de dona Lupércia, mas eu estava transtornada e não conseguia parar de chorar. As imagens do senhor sendo preso e agredido pelos policiais não me saíam da mente. No dia em que mamãe seguiu para a delegacia, eu acreditava que ela fosse levar o senhor de volta para casa e estava muito ansiosa. Assim, pedi para esperá-los no portão, o que foi permitido por Lupércia. Enquanto aguardava por vocês, com os olhos voltados para a rua, eu fui abordada por uma senhora que aparentava ter uns 50 anos de idade. Essa mulher se aproximou de mim e puxou conversa, demonstrando muita simpatia. Perguntou o meu nome e eu, inocentemente, respondi que era Heleninha e perguntei qual era o dela. Ela disse que se chamava Rita e indagou se eu morava naquela casa. Respondi que a casa era de dona Lupércia, que estava recolhida em seu quarto, provavelmente dormindo...

Maria deu um profundo suspiro e secou uma lágrima furtiva que lhe escapou pelo canto dos olhos. Depois, prosseguiu:

— ...Ela perguntou pelos meus pais e respondi que mamãe havia ido buscar o senhor, que se encontrava preso. Mas, lembro-me de ter feito questão de frisar que tudo não passava de um engano, que o senhor era muito bonzinho. Rita me olhou com grande interesse e perguntou se eu não gostaria que ela me levasse até vocês. Disse que era amiga dos policiais e que, a pedido dela, eles o soltariam na mesma hora. Fiquei em dúvida, estava insegura, mas a vontade de vê-lo solto era muito grande, e a mulher falava com muita segurança. Por fim, eu disse que poderia ir, mas que precisava pedir autorização à dona Lupércia. Mas ela me convenceu de que não havia necessidade, porque não iríamos demorar nada. Afirmou que o senhor ficaria muito feliz em me ver, e que eu passaria a ser a sua pequena heroína...

Desta vez, foi Elias que não pôde evitar as lágrimas que lhe banharam o rosto.

— ...E foi assim – continuou Maria –, movida pelo desejo de libertá-lo da prisão, que acompanhei Rita, que era, na verdade, uma andarilha, dessas que vivem de cidade em cidade, aplicando pequenos golpes e esmolando. Ela decidiu me sequestrar porque, além de lhe fazer companhia, eu seria usada para esmolar. Ela sabia que as pessoas geralmente demonstram muito mais generosidade quanto o pedinte é uma criança. Na minha inocência, acreditando na sinceridade de Rita, levei tempo demais para perceber que havia sido sequestrada. Ao constatar o fato, já estávamos em outra cidade e eu não tinha a menor ideia de como voltar. Pensei em fugir, pedir ajuda, mas tinha medo, porque fui ameaçada de todas as formas. Além disso, eu sentia muita fome, e Rita trocava por comida o meu silêncio e a minha obediência. Assim, passei a viver com ela uma relação de pavor e de dependência...

A cada pausa que a moça fazia, o silêncio daquele lindo lugar somente era quebrado pelos soluços que ambos não conseguiam conter.

— ...E o tempo se passou, sem que eu lograsse qualquer possibilidade de me livrar da minha sequestradora

– continuou Maria a sua narrativa. – Por decisão dela, passamos a utilizar o meu primeiro nome, ao saber que o meu nome completo é Maria Helena. Ela exigiu também que eu passasse a tratá-la por avó, para não levantar suspeitas e apagar todos os rastros que me ligavam ao passado. E foi desse modo que a graciosa Heleninha dos tempos felizes, filha tão querida do senhor e da mamãe, deu lugar à Maria, a infeliz "neta" de uma andarilha. Dois anos depois de ter sido sequestrada, tendo percorrido várias cidades em companhia de Rita, eu já estava, de certo modo, familiarizada com ela. Apesar de tudo, era ela quem cuidava de mim quando eu adoecia e me amparava quando eu acordava em meio aos constantes pesadelos que nunca mais deixei de ter. Um dia, percebi que estávamos no mesmo município de onde eu fora levada. Rita, que demonstrava ser portadora de algum tipo de deficiência mental, pareceu ter se esquecido desse detalhe. A essas alturas, eu já não era tão ingênua, havia aprendido a me virar, por força da vida desregrada ao lado daquela mulher. Assim, usando de algumas artimanhas, acabei conduzindo Rita ao casebre de Lupércia, onde entrei, com a desculpa de pedir esmola, e a deixei me esperando do lado de fora.

Maria fez nova pausa para conter a emoção que lhe oprimia o peito.

— ...Ao entrar no velho casebre, com o coração cheio de esperança de encontrar vocês ou obter informações que me conduzissem de volta aos seus braços, deparei-me com dona Lupércia estirada na cama. Ela estava completamente cega e com a saúde muito debilitada. Chamei-a pelo nome, mas ela não demonstrou haver me reconhecido. Precisei dizer várias vezes que era Heleninha, filha de Marta, para que ela finalmente se lembrasse. Então, dona Lupércia me abraçou e, chorando muito, me deu a notícia mais triste da minha vida. Contou que vocês dois estavam mortos, explicando os detalhes da doença de mamãe e o seu suicídio na prisão. Senti minha alma dilacerada naquele momento e acabei percebendo que, por mais estranho que parecesse, só me restava no mundo a desagradável companhia de Rita. Incrivelmente, era ao lado dela que a vida, a partir daquela trágica constatação, me ofereceria mais segurança. Quando Lupércia falou em chamar a polícia para prender a minha sequestradora, levei um susto. No fundo, eu morria de medo da polícia, e a ideia de ver Rita sendo presa e agredida me fez relembrar uma cena que eu simplesmente abominava. Além disso, temi pelo meu futuro. Se Rita fosse presa, quem cuidaria de mim? Então, muito assustada, saí dali correndo, com a certeza de que não havia mais ninguém para cuidar de mim a não ser ela. E foi assim que decidi permanecer definitivamente ao lado dela...

A voz da esposa de Renato foi assumindo um tom de cansaço. Aquelas dolorosas recordações reativavam-lhe profundas feridas.

— ...Com o passar dos anos, Rita foi ficando exausta da minha companhia, mas eu reconheço que, à medida que crescia, fui me tornando muito chata e exigente. Foi desse modo que, cinco anos depois de ter desaparecido da casa de Lupércia, acabei chegando à casa dos pais de Renato.

Ali, apresentada como Maria, neta de Rita, permaneci, guardando para mim aquele inconfessável segredo que marcou tão profundamente a minha vida. No fundo, eu sabia que o plano de Rita era me abandonar, mas não me importei, porque, tudo o que eu queria agora era permanecer ao lado do Renato, o menino que havia cativado inteiramente o meu coração desde o primeiro momento em que o vi. No entanto, nunca tive coragem de contar a verdade a ele, pois, além de ter medo da sua reação, eu morria de vergonha de admitir ter vivido na mendicância, dormindo ao relento e passando por todo o tipo de privações. Foi por isso que vivi torturada por tanto tempo, até ontem, quando, por insistência dele, consegui lhe contar tudo.

Ao fim da narrativa, Elias a abraçou fortemente e sussurrou:

— Pobre filha! Como deve ter sofrido...

— Não mais que o senhor, papai! Também fico imaginando o quanto a sua vida deve ter sido difícil.

Silenciaram por alguns instantes, olhando as garças que se banhavam no lago, até que Maria perguntou:

— Pai, o senhor acredita em Deus?

Ele a encarou amorosamente.

— Acredito, sim, minha filha! Ainda mais agora, depois deste verdadeiro milagre que aconteceu em minha vida. Você não acredita?

— Eu quero muito acreditar, papai, mas tenho muita dificuldade em aceitar este conceito de justiça e bondade divinas. O senhor não sente revolta, por causa das coisas que lhe aconteceram? Não acha que Deus foi injusto ao permitir esses acontecimentos?

— Eu já senti muita revolta... Muito ódio... Mas, isto foi antes de descobrir a verdade.

— Verdade?

— Sim, a verdade sobre a vida. Sobre as leis divinas, sobre a justiça de Deus...

— Mas, não lhe revolta o fato de saber que mamãe também poderia estar viva?

— Mas, querida, sua mãe está viva!

— Viva? Como assim, viva?

— Espiritualmente! Ou seja, a verdadeira Marta é imortal, assim como todos nós. Filha, por estarmos presos a um corpo físico, nós temos a tola ilusão de que somos apenas esta matéria que nos reveste. Mas, não! Nós somos muito mais do que isto. Nós somos Espíritos, somos a centelha do amor divino, somos fragmentos de Deus, interligados pelas forças universais, crescendo, evoluindo, aprendendo e nos reencontrando a cada encarnação, para ajustarmos as nossas diferenças e estreitarmos os nossos laços de amor.

— Nossa! O senhor demonstra muita convicção sobre as coisas que fala, papai! O senhor é espírita, como o Renato?

— Sim, minha filha! E asseguro a você que, se estamos juntos neste momento, e se possuo hoje esta compreensão e serenidade, devo tudo à doutrina dos Espíritos.

— Eu sempre fugi deste assunto, quando o Renato tentava falar a respeito.

— É compreensível! Eu também fugi da verdade por muito tempo. Preferia manter o meu ódio, a minha revolta... Era mais cômodo me colocar no papel da pobre vítima injustiçada, alimentando uma autopiedade que nunca me ajudou em nada.

— Mas, como foi que o senhor mudou de ideia?

— No dia que sua mãe apareceu para mim e me convenceu de que eu estava trilhando o caminho errado.

— O senhor sonhou com a mamãe?

Elias suspirou fundo e acariciou a face úmida da filha.

— Foi muito mais que um sonho! Foi um reencontro maravilhoso!

E contou a ela sobre a imensa alegria de ter vivenciado aquele momento, que mudou radicalmente a sua maneira de encarar a vida. Maria a tudo ouviu com paciência, mas, no fundo, não conseguia acreditar. Pensava que era fruto de uma alucinação, gerada a partir da imensa saudade que Elias, com toda certeza, nutria por sua mãe.

Capítulo 30

Epílogo

"Eis porque, daqui a algum tempo, muito maior será do que é hoje o número de pessoas sinceramente religiosas e crentes."

L.E – Questão 1010

A partir daquele dia, uma maravilhosa transformação se operou na vida de Maria. Ela deixou de lado aquele jeito sisudo e se tornou uma moça muito mais alegre e jovial. Inicialmente, quis convencer o pai a se mudar para o sítio, mas acabou convencida de que ele tinha as suas obrigações e que não poderia simplesmente abandoná-las de um dia para o outro.

No entanto, Elias passou a visitá-la com frequência, prometendo que jamais voltaria a se distanciar por muito tempo da filha querida, que por tantos anos estivera ausente.

Renato, que não cabia em si de contentamento, também curtia agora este novo momento de sua vida. O relacionamento entre Maria e os sogros melhorou bastante e ela nunca mais voltou a falar mal de Deus. Ao contrário, sempre que tinha oportunidade, ficava instigando Elias e Renato a falarem sobre assuntos espirituais, enchendo-os de perguntas. No fundo, tentava fazer brotar em si a fé que por tanto tempo havia negado.

Um dia, o pai de Maria deu a ela um presente especial. Tratava-se de *O Evangelho segundo o Espiritismo*. No primeiro momento, Maria se empolgou e andou dando umas folheadas, mas, passada a empolgação inicial, abandonou o livro num canto qualquer e não mais se interessou por ele.

Elias fingiu não ter percebido. Afinal, aprendera, pelo seu próprio exemplo, que para tudo há o momento certo e que nenhum fruto deve ser colhido antes que esteja devidamente amadurecido.

Três meses depois do reencontro entre pai e filha, durante uma das inúmeras visitas ao sítio, o dirigente da Casa do Caminho foi recebido com uma alegria incomum.

— Temos uma novidade espetacular para o senhor, papai! – disse Maria, sorrindo, enquanto almoçavam.

— Novidades boas são sempre bem-vindas – exclamou ele.

— O senhor vai ser avô! – cantarolou ela, esfregando a barriga.

Elias, surpreso, encarou seriamente o genro e a filha, e perguntou:

— Isto é verdade?

Renato interveio:

— É o milagre da vida, seu Elias! Maria estava se sentindo tão bem, que decidiu finalmente nos conceder este presente.

— É, papai, depois que reencontrei o senhor, já não tenho tanta insegurança quanto ao futuro do nosso filho. Passei a encarar a vida com menos pesar e a acreditar que a felicidade não é uma utopia, afinal.

Elias, emocionado, levantou-se e abraçou os dois.

— Oh, meus filhos! Que boa notícia vocês me dão! Que Deus abençoe esta criança, concedendo-lhe saúde, paz e muitas alegrias!

Maria teve uma gravidez bastante saudável, ao final da qual deu à luz uma linda menina que mesclava a sua beleza física à beleza de Renato.

Deram a ela o nome de Letícia e a pequena, desde os primeiros momentos de vida, demonstrou um apego imenso ao vovô Elias.

Com o nascimento da neta, as visitas de Elias ao sítio se intensificaram, e Letícia, à medida que crescia, começou também, em companhia dos pais, a visitar a casa do avô. Consequentemente, acabou se tornando o xodó dos trabalhadores da Casa do Caminho.

Observando o apego da filha ao pessoal do Centro Espírita, Maria comentou certa vez com o pai:

— Pelo jeito, Letícia vai seguir os passos do Renato e do senhor, e vai ser espírita também.

Essa conversa ocorreu numa das visitas que mãe e filha faziam à residência de Elias. Letícia estava com 5 anos de idade, e adorava bisbilhotar uma estante enorme, abarrotada de livros antigos, que pertencera a Samuel e que era muito bem conservada por seu sucessor.

Diante do comentário da filha, Elias sorriu.

— Queira Deus! E, quem sabe se, com isto, você também não se anima a conhecer a nossa doutrina?

Maria suspirou.

— Pai, eu já lhe disse que não desgosto da religião de vocês, mas, daí, a acreditar nessas coisas de reencarnação, de resgates de débitos cármicos, de sobrevivência do Espírito após a morte do corpo... Desculpe, mas acho tudo muito místico, fantasioso, sem sentido lógico...

— Filha, sem sentido lógico é acreditar que a nossa vida começa no berço e termina no túmulo. Se fôssemos seres recém-criados, sem débitos, sem experiências anteriores, e até mesmo sem méritos, por que haveríamos de passar por situações tão diferenciadas? Por quais motivos seríamos coroados com a boa sorte ou enfrentaríamos as adversidades existenciais? De que maneira poderíamos explicar as diferentes sortes das criaturas de Deus, se não por merecimento, uma vez que Ele ama a todos, indistintamente?

Nesse momento, Letícia se aproximou meio cambaleando, pois carregava com extrema dificuldade um livro antigo e pesado, de capa preta, ilustrada com arabescos dourados, que reunia as cinco obras da codificação. Era um presente que Elias havia recebido de dona Elvira, logo que chegara à Casa do Caminho.

Esse livro estava perdido há muito tempo, e Elias simplesmente havia desistido de procurá-lo, achando que alguém o tivesse subtraído. Letícia tentou colocar o livro sobre a mesa, mas não conseguiu, devido ao peso, e precisou ser auxiliada pelo avô.

— O meu livro antigo! – exclamou Elias. – Onde você o encontrou, Letícia?

A menina apontou para um vão que ficava entre a parte inferior da estante e o piso, e disse:

— Bem ali, ó! – e, virando-se para o avô, perguntou: – Posso ver?

— É claro, filhinha!

E Elias a ajudou a folhear o livro que continha belíssimas ilustrações do artista francês Gustave Doré. Encantada com as gravuras, a pequena, a cada página ilustrada, apontava com o dedinho e dizia:

— Oh, que lindo!

E aquelas ilustrações acabaram despertando também o interesse de Maria, que se posicionou ao lado da filha para apreciá-las.

De repente, ao virar uma página, depararam-se com umas pétalas desidratadas. Apesar de secas, exalavam o mesmo delicioso aroma de quando frescas.

Só então, Elias se lembrou de que fora ali, no meio daquele livro, protegida por um papel celofane, que ele havia guardado a rosa ofertada por Marta, na noite em que recebera a visita dela.

Maria e o pai se entreolharam, reconhecendo as características daquela raríssima flor, que havia marcado tão fortemente o seu passado. Ambos ficaram emudecidos, tomados de emoção. E, antes que dissessem qualquer coisa, Letícia apanhou uma das pétalas, colocou-a na palma da mãozinha e, aproximando-a do rosto de sua mãe, exclamou com voz melodiosa:

— Sinta, mãezinha, o delicioso perfume de uma pétala de Ternura!

Maria levou um susto e foi com dificuldade que conseguiu perguntar, achando que havia entendido mal.

— Pétala de quê, Letícia?

A menina colocou uma das mãos na cintura e reafirmou, fazendo um gracejo:

— De Ternura, ué!

— Quem lhe disse o nome desta flor?

— O homem que me mostrou o livro embaixo da estante.

— Homem? Mas não há nenhum homem aqui, além do seu avô.

— Ele estava aqui, mas já foi embora – disse a menina, apontando para a porta.

Maria olhou interrogativamente para o pai.

— De quem ela está falando, papai?

Elias sorriu.

— Acho que já sei de quem se trata.

Saiu por uns instantes e retornou com uma moldura, onde havia uma foto de Samuel. Colocou-a sobre a mesa e, assim que Letícia viu o retrato, gritou:

— É ele, mamãe! Foi este homem que me mostrou onde estava o livro!

Maria, muito séria, encarou o genitor.

— Pai, não vai me dizer que a Letícia é a...

Ele sorriu com brandura e disse, acariciando o rosto da filha:

— Sim, minha querida! Letícia é a reencarnação de Marta. Na verdade, o Samuel somente a ajudou a se lembrar, porque foi ela quem deu o nome a esta flor.

Maria fechou os olhos por alguns segundos e, quando os reabriu, estavam completamente úmidos e projetavam um brilho muito especial.

— Pai, eu quero estudar o Espiritismo. Quero aprender todas as coisas que o senhor sabe, para tentar edificar em minha alma essa mesma fé que o senhor tem, e que é tão consoladora! – disse, emocionada.

Elias a abraçou, comovido. Letícia quis participar daquele abraço e, ainda com a pétala de flor desidratada na mãozinha, estreitou-se aos dois.

Comprovava-se assim, mais uma vez, o que diz o texto nas obras da codificação sobre as uniões familiares, assegurando que os Espíritos afins se reúnem na pátria espiritual, formando as famílias.

Esses mesmos Espíritos, nas suas experiências terrenas, buscam-se para se agrupar, como faziam no espaço, dando origem às famílias unidas e homogêneas.

E se, nas suas peregrinações, ficam momentaneamente separados, mais tarde se reencontram, felizes por seus novos progressos e cada vez mais unidos pelos laços afetivos, conquistados por meio do amor incondicional.

Fim

HISTÓRIA DA EVOLUÇÃO ESPIRITUAL DA HUMANIDADE - **TRILOGIA**

Os Exilados da Capela
Edgard Armond
14x21 cm | 176 Pág.

A formação e evolução das raças no planeta Terra. Obra extraordinária que cuida das grandes indagações dos homens acerca do início da humanidade.

Na Cortina do Tempo
Edgard Armond
14x21 cm | 128 Pág.

Sobreviventes salvos da Atlântida preservam seus conhecimentos destinados à posteridade.

Almas Afins
Edgard Armond
14x21 cm | 160 Pág.

A trajetória de Espíritos afins desde a submersa Lemúria até os dias atuais.

OBRAS SOBRE **MEDIUNIDADE**

Mediunidade
Edgard Armond
14x21 cm | 288 Pág.

Um tratado completo sobre a faculdade mediúnica, abordando seus aspectos, desenvolvimento e utilização.

Passes e Radiações
Edgard Armond
14x21 cm | 176 Pág.

Métodos espíritas de cura e tratamento espiritual. Dinâmica dos movimentos do passe padronizado e suas aplicações.

Métodos Espíritas de Cura
Edgard Armond
14x21 cm | 128 Pág.

O funcionamento da mente e repercussões espirituais. Definição e classificação física das cores e sua identificação nas auras.

Relembrando o Passado
Edgard Armond
14x21 cm | 160 Pág.

Experiências marcantes de trinta anos de trabalho espiritual em contato com o sofrimento nos planos espiritual e físico.

Desenvolvimento Mediúnico
Edgard Armond
14x21 cm | 88 Pág.

Um roteiro perfeito para o bom funcionamento da mediunidade. Aplicações dirigidas ao treinamento de novos médiuns.

Prática Mediúnica
Edgard Armond
14x21 cm | 256 Pág.

A realidade da prática mediúnica. Evolução de pesquisas e descrição dos trabalhos de assistência espiritual.

OBRAS DE **EVANGELIZAÇÃO INFANTO-JUVENIL**

Programas de aulas para evangelização

Maternal

Com temas propostos, incentivação inicial, atividades diversas e centenas de ilustrações.

176 páginas

Jardim

A - 352 páginas

B - 352 páginas

C - 336 páginas

Intermediário

A - 232 páginas

B - 264 páginas

Primário

A - 292 páginas

B - 288 páginas

C - 256 páginas

Campanha de Preservação da Vida
EDITORA ALIANÇA
Tema: ABORTO

O Livro dos Espíritos, Allan Kardec - questão 358:

Pergunta: *O aborto provocado é um crime, qualquer que seja a sua concepção?*

Resposta dos Espíritos: *Há sempre crime quando se transgride a lei de Deus. A mãe ou qualquer pessoa cometerá sempre um crime ao tirar a vida de uma criança antes do seu nascimento, porque isso é impedir a alma de passar pelas provas de que o corpo devia ser instrumento.*

Você nem imagina
o que uma conversa
pode fazer pela sua vida.
Ligue 141 24h
www.cvv.org.br
CVV
A linha da vida